Rudolf Kronreif

NLP
kurz und knackig

Mit Begeisterung zum Erfolg

Impressum

© 2004 Rudolf Kronreif, Salzburg
Herstellung und Verlag: Books on Demand
GmbH, Norderstedt
Titelbild: Rudolf Kronreif
ISBN 3-8334-2190-8

Inhalt

Was ist NLP?

NLP- das sind drei Buchstaben, die dem Laien wohl überhaupt nichts sagen, die aber dem gelernten NLPler ein Leuchten in den Augen hervorzaubern können.

Was ist das nun wirklich?

Also, übersetzt stehen die drei Buchstaben für Neuro Linguistisches Programmieren. Das sagt aber schon wieder sehr wenig über NLP aus, deshalb werde ich versuchen, es etwas genauer zu erklären:

„Neuro" steht hier für das Verarbeiten der menschlichen Wahrnehmung im Gehirn und den Nervenzellen. Also das, was Sie rund um sich mit Ihren fünf Sinnen wahrnehmen können und wie Sie diese Informationen bewerten und verarbeiten. Mit „Linguistisch" ist die Sprache gemeint, über die wir Menschen hauptsächlich kommunizieren. Durch unser individuelles Sprachmuster ist deutlich erkennbar, wie wir die aufgenommenen Informationen innerlich verarbeiten und zu welchen Ergebnissen wir damit kommen. Das „Programmieren" steht dann für unsere inneren Verhaltens-Programmierungen, die wir uns im Laufe des Lebens angeeignet haben und die unser augenblickliches Verhalten prägen.

So, ist jetzt alles klar? Falls nicht, können Sie ja gerne noch etwas weiterlesen.

NLP geht davon aus, dass es für uns Menschen richtige Misserfolgs-, aber auch Erfolgsprogramme gibt. So gibt es immer wieder Menschen, die alles verloren haben, also jene, die das Schicksal wirklich hart getroffen hat. Trotzdem schaffen es diese, innerhalb kürzester Zeit wieder äußerst erfolgreich und glücklich zu werden.

Jetzt kommen wir dem NLP schon etwas näher. NLPler beschäftigen sich damit, wie solche Unterschiede möglich sein können. Ist es einfach Glück, was manche Mensche haben, oder aber laufen bei Erfolgsmenschen ganz andere innere Programme ab als beim großen Durchschnitt?

John Grinder und Richard Bandler waren die ersten, die sich diese Frage nicht nur gestellt, sondern die auch damit begonnen haben, die inneren menschlichen Programmierungen zu erforschen, um sie allen zugänglich zu machen. Diese beiden Herren sind somit auch die Begründer des NLP.

Grinder und Bandler begannen damit, außergewöhnlich erfolgreiche Menschen genauer zu beobachten und zu erforschen. Dabei entdeckten sie, dass diese bestimmte innere Strategien verfolgten, die sie dann unweigerlich zu einem guten Ergebnis führten.

Grinder und Bandler hatten auf diese Art eine Vielzahl von menschlichen Erfolgsprogrammierungen herausgefunden. Natürlich stellten sich die beiden sofort die nächste Frage: Ist es dann auch möglich, diese Erfolgsprogramme anderen Menschen zugänglich zu machen und würden diese dann in ihrem eigenen Umfeld ebenfalls erfolgreicher und glücklicher sein können?

Stellen Sie sich einmal das Erfolgsprogramm von Walt Disney in Ihrem Leben vor. Kann das überhaupt einen Sinn geben? Möchten Sie eine zweite

Micky-Maus kreieren oder Disney-World noch einmal erfinden und verwirklichen?

Falls ja, dann ist völlig klar, dass dieses Erfolgsprogramm für Sie sehr wichtig wäre. Falls Sie jedoch ein völlig anderes Leben führen und gar nicht anstreben eine Berühmtheit zu werden, sondern nur in Ihrem Beruf als Abteilungsleiter, Verkäufer, Friseur oder Hausfrau erfolgreicher und glücklicher sein möchten, gibt es wenig Sinn, die Micky-Maus noch einmal zu erfinden.

Das Besondere an Walt Disneys Erfolgsprogramm ist jedoch, dass dieser äußerst kreativ war und zudem die Gabe hatte, seine Kreativität effizient für sich zu nutzen und zugleich erfolgreich umzusetzen.

Na, wie sieht es jetzt damit aus? Könnte dieses Programm für Sie sinnvoll sein? Was könnten Sie aus Ihrem Leben wohl machen, wenn Sie noch kreativer wären und gleichzeitig genau wüssten, wie es für Sie möglich ist, Ihre guten Ideen Wirklichkeit werden zu lassen? Wie viele Probleme könnten Sie dann leichter lösen und wie erfolgreich könnte dann Ihr Leben sein?

Damit wir uns nicht missverstehen, NLP ist nicht das Erfolgsprogramm von Walt Disney, sondern das Bewusstsein über die menschlichen Programme. NLPler erlangen Ihre Erfolge also durch das Bewusst-werden über die inneren Abläufe.

Seit Mitte der Siebziger-Jahre erforschen NLPler sowohl Misserfolgs- als auch Erfolgsprogrammierungen. Dadurch hat sich eine Vielzahl von Anwendungsmöglichkeiten in den unterschiedlichsten Bereichen entwickelt. NLP ist somit zum

Schweizer Messer der Kommunikation und der konstruktiven Veränderungsarbeit geworden.

Eingesetzt wird es heute praktisch in jedem Bereich der Kommunikation, des Geschäftslebens, des Sports, des persönlichen Erfolgsmanagement und der Therapie von unerwünschten Verhaltensformen.

Aber unerwünschte Verhaltensformen - was kann damit eigentlich wieder gemeint sein? Na zum Beispiel, wenn jemand große Angst vor dem Fliegen oder vor Spinnen hat. So ein Mensch reagiert dann meist nicht unbedingt optimal und hat wenig Zugang zu seinen wirklichen Fähigkeiten. Glücksgefühle kann so ein Mensch in solchen Situationen schon gar nicht haben und die persönliche Freiheit ist dann meist sehr stark eingeschränkt. Solch unerwünschte Verhaltensprogrammierungen gibt es zu tausenden und jeder Mensch hat eine Vielzahl solch hinderlicher Programmierungen.

Das in den vergangenen Jahrzehnten weltweit erarbeitete Wissen über die menschlichen Programmierungen ermöglicht es nun – unabhängig von ihrer persönlichen inhaltlichen Ausrichtung:

- das eigene Verständnis für die zwischenmenschlichen Kommunikationsprozesse zu verfeinern;
- sich unabhängig von der methodischen und inhaltlichen Ausrichtung der eigenen Arbeit noch leichter auf die individuelle „Realität" des Gegenübers einzustellen;

- die eigene Flexibilität im Umgang mit Menschen enorm zu erweitern;

- sich flexibel den Herausforderungen einer sich ständig wandelnden Welt zu stellen;

- Träume zu Zielen zu machen und diese auch zu verwirklichen;

- unerwünschtes Verhalten zu transformieren,

- die eigene Brillanz zu entdecken und zu entfalten;

- erfolgreicher und glücklicher das eigene Leben zu meistern

Die Grundprinzipien

Es handelt sich hier um die grundlegenden Einstellungen des NLP, die in jede Arbeit einfließen. NLP geht dabei von der Einzigartigkeit jedes einzelnen Menschen aus.

Überlegen Sie sich doch einmal, was sich in Ihrem Leben verändern würde, wenn folgende Aussagen für Sie wahr wären:

- Alle Menschen sind einzigartig und erleben die Welt auf ihre ganz persönliche Art und Weise. Jeder ist anders und hat seine eigene Art zu sein.

- Geist, Körper und Umwelt bilden ein gemeinsames System. Unsere geistige Einstellung beeinflusst unsere Gesundheit und unsere Lebensfreude. Ebenso kann aber auch das was wir tun, unser Denken verändern.

- Körper und Geist beeinflussen einander gegenseitig. Unsere Körperhaltung (Mimik und Physiologie) reagiert auf unsere geistige Einstellung genauso wie unsere geistige Einstellung auf unsere Körperhaltung wirkt.

- Jedes Verhalten ist auch Kommunikation. Selbst wenn wir schweigen, kommunizieren wir damit etwas. Wir können somit nicht nicht kommunizieren.

- Die Bedeutung einer Kommunikation ergibt sich aus der Reaktion, die sie hervorruft – nicht aus der Absicht des Kommunikators.

- Menschen orientieren sich in ihren Handlungen an einem Modell der Welt bzw. der Realität, die sie sich gemacht haben, und nicht an der Welt oder der Realität selbst.

- Die geistige Landkarte bzw. das Modell der Welt ist nicht das Gebiet, das sie darstellt, sondern hat eine dem Gebiet ähnliche Struktur, worin ihre Brauchbarkeit begründet ist.
- Flexibilität ermöglicht es, gewünschte Ergebnisse zu erzielen. Ein Mensch, der mehr Wahlmöglichkeiten hat, wird immer im Vorteil sein und flexibler agieren oder reagieren können.
- Wenn das, was du tust, nicht funktioniert, tu etwas anderes!
- Menschen sind nicht verrückt, sondern treffen innerhalb ihrer Wahlmöglichkeiten immer die beste Wahl. Sie funktionieren somit in ihrem eigenen Modell der Welt absolut perfekt.
- Jedes (auch problematische) Verhalten ergibt einen Sinn, wenn es im Kontext der „geistigen Landkarte" der betreffenden Person gesehen wird. Hat ein Mensch mehr und bessere Wahlmöglichkeiten, so wird er immer die für ihn beste Wahl treffen.
- Hinter jedem (auch problematischen) Verhalten steckt eine positive Absicht.
- Jedes (auch problematische) Verhalten ist in irgendeinem Kontext sinnvoll und nützlich.
- Jeder Mensch verfügt bereits über alle Ressourcen, die er für eine positive Veränderung benötigt.
- Es gibt kein Versagen, sondern nur Feedback.

- Alles was ein Mensch kann, kann gelernt werden und ist erreichbar, wenn die Aufgabe in genügend kleine Schritte unterteilt wird.
- Liebe und Achtsamkeit öffnen den Weg zur Lösung.

Na, das ist doch eine ganze Menge – oder? Wenn Sie jetzt verwirrt sind, machen Sie sich nichts draus. Man muss ja schließlich nicht alles gleich auf einmal verstehen. Mir ist es selbst auch so ergangen. Erst nachdem ich meine NLP-Ausbildung abgeschlossen hatte, habe ich den Wert dieser Grundprinzipien langsam zu verstehen begonnen. Aber was man doch sofort daraus herauslesen kann, ist die Achtung vor der Individualität eines jeden Menschen und die Überzeugung, dass es für jeden grundsätzlich möglich ist, ein erfülltes Leben zu führen.
In einer guten NLP-Ausbildung hat das menschliche Miteinander einen ganz hohen Stellenwert.

Falls Sie das Buch noch nicht zur Seite gelegt haben, können Sie jetzt mit den ersten Schritten beginnen und einzelne NLP-Werkzeuge kennen lernen.

Wahrnehmung und Repräsentationssysteme

Beginnen wir doch einfach damit, wie wir Menschen die Welt überhaupt wahrnehmen. Haben Sie sich schon einmal Gedanken darüber gemacht, wie Sie eigentlich die Welt wahrnehmen? Könnte es sein, dass jeder Mensch seine eigene, individuelle Wahrnehmung hat, oder ist die Ihrige die einzig richtige?

Nehmen wir erst einmal Ihre Augen. Was geschieht eigentlich, wenn Sie etwas sehen?
Physiologisch reagiert Ihr Auge auf die Veränderungen des Lichts. Diese Reize führen zu chemischen Prozessen in den Zellen Ihrer Netzhaut, die – wiederum in elektrische Impulse umgewandelt – an Ihr Gehirn weitergeleitet werden. Dort werden diese Impulse dann zu inneren Bildern zusammengesetzt und wieder nach außen projiziert. Das gibt Ihnen dann die Illusion, dass Sie die Realität wahrnehmen. ☹
Enttäuscht? Ja, Sie nehmen nicht wirklich die Realität wahr, sondern nur Ihr ganz persönliches Abbild der Realität. Andere Menschen haben oft eine völlig andere Realität. Ähnlich funktioniert es übrigens auch mit all Ihren anderen Sinnen.
Wenn es das schon wäre, wär´s schlimm genug, doch es geht noch weiter. Sie können nämlich ohnehin nur ein Zehntel der Realität sehen. Das meiste wird ausgeblendet oder ist ohnehin unsichtbar – denken Sie nur einmal an Radio- und Fernsehwellen, ultraviolettes Licht oder Röntgenstrahlen. Was glauben Sie schwirrt noch alles um

uns herum, was wir gar nicht wahrnehmen können?

Doch bleiben wir besser bei dem, was wir wahrnehmen können. Wenn wir also über unsere fünf Sinne eine Wahrnehmung haben und uns nun der Illusion hingeben, dass das die Wirklichkeit ist, dann sollten Sie vielleicht auch wissen, dass jeder Mensch noch eine ganze Menge Filter hat, mit denen er diese Wahrnehmung abermals individuell verändert. Da sind erst einmal die sozialgenetischen Filter. Damit meine ich jene Teile, denen wir als Menschen in einem sozialen System ausgeliefert sind, wie zum Beispiel die Muttersprachen, gesellschaftliche und kulturelle Regeln und Gebote.

Dazu kommen dann auch noch ganz individuelle Filter, die durch persönliche Erfahrungen gebildet werden. So hat doch jeder Mensch seine ganz eigene Lebensgeschichte.

Hatten Sie z.B. in der Schule einen unsympathischen Mathelehrer und haben dort dann schlecht abgeschnitten? So könnte Ihr individueller Filter z. B. vieles ausblenden, was irgendwie mit Mathematik zu tun hat. Übrigens – sind Sie vielleicht sogar beim Lesen dieses Buches schon einmal geistig ausgestiegen? Tja, was das wohl wieder für ein Filter war? ☺

Na ja, jetzt ist die rechte Zeit, das Buch zu Seite zu legen oder doch lieber persönliche Freiheit durch Bewusstsein zu erlangen. Je mehr Sie nämlich über die unbewussten Funktionen wissen, desto besser kriegen Sie Ihr Leben in den Griff.

Sie könnten jetzt allmählich verstehen, was ich mit dem ersten Punkt der NLP-Grundprinzipien gemeint habe. Da stand doch, dass alle Menschen einzigartig sind und ihre Welt auf ihre ganz persönliche Art und Weise erleben. Daraus bilden dann die Menschen ihr ganz persönliches Abbild der Welt. Wir NLPler nennen das gerne die „innere Landkarte", was nichts anderes bedeutet, als eine vereinfachte Darstellung der Realität.

Verstehen Sie nun, warum es so viele Missverständnisse und Konflikte auf dieser Erde gibt? Sie können das nun einfach akzeptieren oder doch besser lernen, wie das alles funktioniert und wie Sie Ihre Wahrnehmung und Ihre Fähigkeiten bewusst steuern können. Wollen Sie das?

Nun gut, Sie wollen es scheinbar wirklich so. Dann erkläre ich Ihnen jetzt mal kurz, was die Repräsentationssysteme sind. Mit unseren fünf Sinnen können wir die Welt (gefiltert) wahrnehmen. Das, was wir dann wahrgenommen haben, beeinflusst unser Verhalten und unsere Art der Kommunikation. Wenn wir etwas sehen und davon ein Bild haben, dann werden wir auch mit unserer Sprache vom Sehen und nicht vom Fühlen sprechen. Daran ist erkennbar, wie wir diese Information innerlich verarbeitet haben. Wir könnten ja auch noch hören, fühlen, riechen und schmecken. Alles klar?

Doch aufgrund der individuellen Art der Wahrnehmung wird ein Mensch etwas vor allem visuell (sehend) verarbeiten und ein anderer auditiv (hörend) oder auch kinästetisch (fühlend).

Nehmen wir doch folgendes Beispiel zur Verständlichkeit:

Sie haben gemeinsam mit Ihrem Partner einen Urlaub am Meer genossen. Nun sind Sie bei Freunden und berichten darüber. Sie erzählen, wie klar das Wasser und wie schön der tiefrote Sonnenuntergang war. Sie haben Ihr Urlaubserlebnis vor allem visuell aufgenommen und verarbeitet. Das ist nun auch in Ihrer Sprache deutlich erkennbar. Sie verwenden Sprachmuster, die vor allem das Sehen beinhalten, wie z.B. „klar" und „tiefrot" – was man ja auch nur sehen kann.

Nun berichtet Ihr Partner vom gleichen Urlaub und erzählt, wie warm der Sand und wie angenehm erfrischend das Wasser war. Dieses kann man aber wiederum nur fühlen. Ihr Partner hat sich also diesen Urlaub vor allem über das Fühlen (kinästhetisch) erschlossen.

Natürlich könnten Sie das auch, aber jeder Mensch hat sein bevorzugtes Repräsentationssystem, über welches er in erster Linie die Informationen aufnimmt und verarbeitet. Durch seine Sprachmuster gibt er dieses wieder zu erkennen.

Achten Sie einmal darauf, ob Sie eher über den visuellen, auditiven oder kinästhetischen Kanal Ihre Welt erfahren. Das kann durchaus wichtig für Sie sein. Denn wenn Sie es mit einem Menschen zu tun haben, der sich die Welt über einen völlig anderen Kanal zugänglich macht, werden Sie sich mit diesem schwer tun, wenn Sie ständig aus Ihrem Kanal heraus kommunizieren.

Verarbeiten Sie Ihre Informationen z.B. bevorzugt visuell und der andere kinästhetisch, ist es fast so, als würden sie eine Fremdsprache hören und ständig übersetzen müssen, was der andere wohl gerade meint. Sie müssten sich nämlich zu dessen Erklärung immer erst ein Bild machen.

Erkennen Sie aber die Unterschiede, dann könnten Sie sich in der Kommunikation an den wichtigsten Stellen auf die Verarbeitung im Gehirn des anderen einstellen und sich für diesen leicht verständlich ausdrücken. Was glauben Sie bringt alleine das schon für eine gute Kommunikation und wie viele Missverständnisse könnten dadurch ganz einfach Geschichte sein?

Zur besseren Verständlichkeit will ich Ihnen hier noch einige typische Redewendungen der unterschiedlichen Repräsentationssysteme anbieten.

Repräsentationssystem sehen – visuell:

- Licht ins Dunkle bringen
- Durchblick haben
- Der Schein trügt
- Das ist mir klar
- Mit Blindheit geschlagen

Repräsentationssystem hören – auditiv:

- Daher pfeift der Wind
- Mit halbem Ohr zuhören
- Ich möchte ausdrücklich betonen
- Was sind das für schräge Töne?
- Ein Lied davon singen

Repräsentationssystem fühlen - kinästetisch:

- In den Griff bekommen
- Ein Stein fällt mir vom Herzen
- Das fühlt sich richtig an
- Kalte Füße bekommen
- Alles auf den Kopf stellen

Repräsentationssystem riechen – olfaktorisch:

- Eine Nase dafür haben
- Die Witterung aufnehmen
- Das stinkt mir
- Den Braten riechen
- Der Duft der großen weiten Welt

Repräsentationssystem schmecken – gustatorisch

- Ganz nach meinem Geschmack
- Das Salz des Lebens
- Das stößt mir sauer auf
- Eine bittere Pille
- Da kannst du Gift drauf nehmen

Falls Sie jetzt neugierig geworden sind und gerne wissen wollen, was Sie für ein Typ sind, können wir es ja einmal versuchen. Beantworten Sie einfach folgende Fragen:

- Sie begegnen einem Bekannten. Können Sie sich am nächsten Tag noch daran erinnern,

welche Kleider er trug? Dann sind Sie eher
ein visueller Typ.

- Sie hören ein Lied, das Ihnen gefällt. Können
  Sie es in kürzester Zeit nachsingen? Dann
  sind Sie eher ein auditiver Typ.
- Sie sehen ein Gerät mit vielen Knöpfen (oder
  ein Kleidungsstück). Verspüren Sie den un-
  widerstehlichen Drang, daran herumzufum-
  meln? Dann sind Sie eher ein kinästhetischer
  Typ.

Das ist natürlich nur ein kleiner Test, aber vielleicht haben Sie die Unterschiede ja doch schon
bemerkt.

Wie die innere Verarbeitung der Informationen
eines Menschen gerade ist und was in dessen
Kopf vorgeht, kann man auch gut an dessen Augen erkennen. Die Augen bewegen sich nämlich
ständig in eine bestimmte Richtung. Je nachdem,
ob ein Mensch gerade in Bildern denkt – dann
sind die Pupillen nach oben gerichtet – oder sich
ein Gefühl dazu macht – dann sind die Augen
plötzlich nach unten gerichtet.
Schauen Sie dem anderen einmal beim Erzählen
in die Augen und Sie erfahren eine ganze Menge
darüber, was er gerade tut.

An der untenstehenden Grafik können Sie nun
leicht erkennen, was im Inneren eines Menschen
gerade abläuft wenn die Augen in eine ganz bestimmte Richtung schauen.

Visuelle Verarbeitung: Bewegen sich die Augen eines Menschen nach rechts oben, hat dieser Mensch ein visuell konstruiertes Bild. Das heißt eine bildhafte Vorstellung wie etwas aussehen könnte.

Bewegen sich dagegen die Augen nach links oben, handelt es sich um eine bildhafte Erinnerung. Dieser Mensch hat das tatsächlich schon einmal so gesehen.

Auditive Verarbeitung: Bewegen sich die Augen eines Menschen horizontal nach rechts, handelt es sich meist um eine konstruierte auditive Wahrnehmung. Also darum, wie sich etwas anhören könnte.

Ist die Augenbewegung dagegen horizontal nach links, dann handelt es sich um eine auditive Erinnerung. Also an etwas, was dieser Mensch tatsächlich gehört hat.

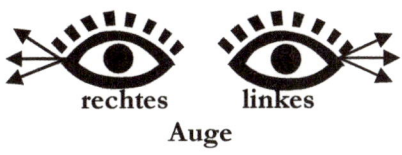

rechtes   linkes
Auge

Kinästhetische Verarbeitung: Bewegen sich die Augen nach rechts unten, dann spürt dieser Mensch Empfindungen oder erlebt Gefühle und Emotionen.

Auditiv digitale Verarbeitung: Bewegen sich die Augen nach links unten, dann führt dieser Mensch Selbstgespräche, bzw. lauscht seiner eigenen inneren Stimme.

21

Jetzt könnten Sie z.B. erkennen, ob jemand etwas wirklich so gesehen hat oder es vielmehr eine konstruierte Darstellung ist. Doch Vorsicht, bei einigen Menschen kann es auch genau seitenverkehrt sein. Das richtige Lesen der Augen erfordert einige Übung, die Sie aber in einer guten NLP-Ausbildung sehr schnell bekommen werden.

Gefühle und Fokus

Was wir wahrnehmen ist natürlich auch stark davon abhängig, was uns wichtig und relevant erscheint. Darauf richten wir dann unseren Fokus aus und erleben die entsprechende Realität.

Haben Sie schon einmal mitbekommen, dass es Menschen gibt, die eine völlig andere Wahrnehmung von der gleichen Situation haben wie Sie selbst? Diese Vielfältigkeit der Wahrnehmung von ein und derselben Situation kann interessant sein, aber auch zu einer Menge Konflikte führen.

Doch nicht nur das, was wir wahrnehmen, sondern vor allem, wie wir es wahrnehmen und bewerten, ist entscheidend, - werden doch unsere Gefühle in großem Ausmaß dadurch gelenkt.

Ein Beispiel gefällig?

Ihr Chef deckt Sie mit zusätzlicher Arbeit ein und Sie denken sich: „Sieht dieser Ausbeuter denn nicht, dass ich schon genug zu tun habe?" Wie werden in diesem Fall wohl Ihre Gefühle sein? Vermutlich ziemlich negativ.

In der gleichen Situation könnten Sie sich aber auch denken: „Toll, was mir mein Chef alles zutraut. Ich bin eine wirklich wichtige Person in diesem Unternehmen." Wie werden dann Ihre Gefühle sein? Vermutlich wesentlich besser als im ersten Fall.

Sie haben zwar in beiden Fällen zusätzliche Arbeit aufgehalst bekommen und können diese vielleicht gar nicht mehr schaffen, doch mal ehrlich, wie glauben Sie, könnten Sie dieses Problem mit Ihrem Chef wohl besser lösen? Mit einer negativen Verfassung, die Sie im ersten Beispiel wohl hätten, oder doch eher mit einer positiven, wie es im zweiten Beispiel der Fall ist?

Bitte sagen Sie jetzt aber nicht: „Der Kronreif will mir da das positive Denken einreden. Das habe ich schon hundert Mal versucht – funktioniert aber trotzdem nicht."

Wenn Sie so denken, haben Sie eine innere Programmierung, die Sie in Ihrer Entwicklung stark einschränkt und Ihnen nicht erlaubt, offen für Neues zu sein.

Sollten Sie dennoch offen für Neues sein, dann lesen Sie weiter. Ich werde Sie jetzt nämlich Schritt für Schritt in das kontrollierte Denken und Fühlen einführen. Damit meine ich, dass Sie selbst bestimmen können, was in Ihrem Kopf vorgeht und was Sie denken.

Denken und persönliche Energie

Wie anders würde Ihr Leben wohl ausschauen, wenn Sie einen bewussten Einfluss darauf hätten, welche Gedanken Ihnen durch den Kopf gehen?
Ich will mal versuchen, das mit Hilfe eines Bildes darzustellen. Stellen Sie sich doch einmal einen schönen großen Apfelbaum vor.
Na, ist der Baum schon da? Falls nicht, denken Sie auf gar keinen Fall an einen Apfelbaum. Jetzt sehen Sie einen, stimmt´s? Denn um etwas nicht zu tun, müssen wir es erst einmal tun. Kleiner Tipp am Rande: Sagen Sie Ihren Kindern niemals, dass sie etwas nicht tun sollten. Sie schaffen damit nur das Bild von dem, was Sie eigentlich nicht wollen im Gehirn Ihrer Kinder und tragen damit unbewusst dazu bei, dass es erst recht geschieht.
Also statt „Seid nicht so laut" ist es allemal besser wenn Sie sagen: „Versucht leise zu sein" oder „wer schafft es, am leisesten zu sein".
Doch nun zurück zu unserem Apfelbaum. Was wächst auf diesem Baum?
Äpfel, das ist doch klar ;-).
Was aber für einen Baum die Früchte sind, was wäre das wohl im Leben eines Menschen?
Na klar, es sind die Ergebnisse und Erfolge.
Wovon ist die Qualität der Äpfel auf dem Baum unmittelbar abhängig?
Also, nachdem diese an den Ästen hängen, werden sie wohl auch unmittelbar davon abhängig sein.
Nun gehen wir wieder zum Menschen. Wenn die Äpfel unmittelbar von der Qualität der Äste abhängig sind, wovon sind dann die Ergebnisse und

Erfolge im Leben eines Menschen unmittelbar abhängig?

Mit ein bisschen Nachdenken ist das jetzt gar nicht so schwer. Die Ergebnisse und Erfolge sind unmittelbar von der Qualität der Handlungen und Taten abhängig.

Wie ist das aber nun wieder beim Baum?

Wovon ist die Qualität der Äste unmittelbar abhängig?

Jetzt geht es schon leichter, stimmt´s?

Natürlich vom Stamm, werden Sie sagen – und das ist auch richtig so.

Aber wovon ist die Qualität der Handlungen und Taten bei einem Menschen unmittelbar abhängig? Zugegeben, da kann man jetzt eine ganze Menge anführen, z.B. Motivation, Erfahrungen, Stimmungslage u.s.w., aber vor allem ist es die persönliche Verfassung die diesen Bereich am besten beschreibt.

Und noch ein letztes Mal zurück zu unserem Baum. Wovon ist die Qualität des Stammes unmittelbar abhängig.

Natürlich von der Qualität der Wurzeln – stimmt´s ;-).

Und beim Menschen?

Wovon also ist die Qualität der Verfassung unmittelbar abhängig???

Von der Qualität der Gedanken natürlich ☺.

Also ist beim Baum die Qualität der Früchte unmittelbar von der Qualität der Äste abhängig und diese wiederum von der Qualität des Stammes und der Wurzeln.

Und beim Menschen sind dann eben die Qualität der Ergebnisse und Erfolge unmittelbar von der Qualität der Handlungen und diese wiederum unmittelbar von der Qualität der Verfassung abhängig. Die Wurzel, ohne die es kein Leben geben würde, ist aber die Qualität der Gedanken.

Mit diesen Gedanken werden wir uns jetzt noch etwas näher beschäftigen.

Als erstes stellen wir uns einmal die Frage: Wie kommt es eigentlich zum Denken?

Dazu muss ich Ihnen erst einige Fragen stellen:

- Wo waren Sie im letzten Urlaub?
- Wer ist Ihnen sympathisch?
- Was ist Ihre Lieblingsfarbe?

An was haben Sie jetzt gedacht? An Ihren Urlaub, an eine sympathische Person und an Ihre Lieblingsfarbe? Wenn das der Fall war, dann habe ich soeben bewusst Ihre Gedanken in eine bestimmte Richtung gelenkt. Ich habe mir also erlaubt, ihr Gehirn ein wenig zu steuern – hoffe, das war für Sie jetzt in Ordnung. ;-)

Doch mit dieser kleinen Übung konnten Sie soeben erfahren, wie es zu bestimmten Gedanken überhaupt kommt. Um einen Gedanken zu haben, müssen Sie zuerst eine Frage haben, die Sie sich stellen. Häufige Fragen sind z.B: Was ist heute schwierig, was ist falsch oder schlecht daran, was ist problematisch? Was glauben Sie, wie werden dann Ihre Gedanken sein und wie schaut es dann mit Ihrer Verfassung aus? Wie wäre dann wohl die Qualität Ihrer Handlungen und wie die Qualität Ihrer Ergebnisse und Erfolge?

Etwa nicht so gut?

Dann machen Sie es in Zukunft anders als bisher und stellen sich Fragen, die Sie in eine gute Verfassung bringen. Ich weiß schon, das ist leichter gesagt als getan, denn die meisten dieser Fragen werden unbewusst und ganz automatisch gestellt. Da hilft Ihnen nur ein entsprechendes geistiges Training. Und das muss dann auch noch regelmäßig sein, genauso wie bei einem Fitnesstraining – da werden Sie auch nicht fit, wenn Sie nur einmal Sport betreiben. Doch keine Angst, dieses Mentaltraining ist weder schweißtreibend noch besonders anstrengend. Es erfordert lediglich ein ganz klein wenig Disziplin Ihrerseits.

Um Ihren Fokus auf aufbauende Gedanken zu lenken, müssen Sie damit beginnen sich regelmäßig entsprechende „Energiefragen" zu stellen. Ich habe Ihnen auch gleich die Arbeit abgenommen und eine Auswahl für Sie vorbereitet:

Energie-Fragen zu jeder Tageszeit

- Wofür kann ich dankbar sein?
- Worauf kann ich stolz sein?
- Worüber kann ich glücklich sein?
- Was finde ich zurzeit aufregend und spannend?
- Wer liebt/schätzt mich?
- Wen liebe/schätze ich?
- Was steigert meine Lust? (Lebenslust)
- Was bringt mir wirkliche Befriedigung?
- Mit wem/was fühle ich Verbundenheit?

28

- Was ist für mich wirklich schön?
- Wo war ich erfolgreich?
- Was ist mir Gutes zugefallen?
- Über was kann ich herzlich lachen?
- Was lässt mich heute glücklich sein?
- Was (Partner/Chef/Arbeit/Wetter…)
  für mich passt:

Energie-Fragen am Morgen

- Worauf freue ich mich heute am meisten?
- Welche Chancen für meine persönliche Entwicklung habe ich heute?
- Was kann ich heute lernen?
- Was kann ich heute in die Beziehung zu den Menschen, die mir am meisten bedeuten, investieren?
- Wem kann ich heute eine Freude machen?
- Was werde ich mir heute Gutes tun?

Energie-Fragen am Abend

- Was habe ich heute getan, worauf ich stolz sein kann?
- Was habe ich heute dazugelernt?
- Wie habe ich heute meine Lebensqualität erhöht?
- Wofür kann ich heute Gott danken?
- Was hat mich heute glücklich gemacht?
- Welche Kleinigkeiten habe ich heute gut gemacht?
- Wem habe ich heute eine Freude gemacht?

Ich verspreche Ihnen, wenn Sie sich ein Jahr lang, täglich, mindestens fünf solcher Fragen stellen und die Antworten im Idealfall in ein Erfolgstagebuch schreiben, dann wird sich Ihr Leben in einem Ausmaß zum Positiven verändern, wie Sie es kaum für möglich gehalten haben.

Sie werden dann damit beginnen, immer mehr positive Energie in Ihr Leben zu bringen, immer öfter in einer genialen Verfassung zu sein und damit dann auch ausgezeichnete Handlungen zu setzen und ebensolche Ergebnisse zu erzielen.

Wenn Sie es wirklich gründlich machen wollen, dann kaufen Sie sich ein schönes Buch zum Einschreiben. Beginnen Sie jeden Tag mit einer neuen Seite und setzen Sie das Datum oben hin. Dann schreiben Sie die Fragen und Ihre Antworten genau auf. Damit geben Sie Ihrem Unterbewusstsein ein sehr starkes Signal dass es Ihnen wirklich wichtig ist. Denn Ihr Unterbewusstsein hat längst gelernt, dass Sie sich nur das aufschreiben, was Ihnen wirklich wichtig ist. Es kommt dadurch in Ihrem Gehirn in die Kategorie **„wichtig"**.

Sobald Ihr Unterbewusstsein erkannt hat, dass sie sich nun regelmäßig Energiefragen stellen, wird es in Ihrem Gehirn ein neues Erfolgsprogramm installieren und diesen Prozess automatisieren. Dann läuft diese Sache auf einmal wie geschmiert und Sie dürfen nur noch erfolgreich und glücklich sein. ☺

Submodalitäten

Submodalitäten – was ist denn das schon wieder für ein Wort? Na ja, zugegeben, NLPler haben manchmal Ihre eigene Sprache und das kann auch ganz schön verwirrend sein. Mit Submodalitäten (kurz SM) meinen NLPler die Feinstruktur der Wahrnehmung. Also wieder die Wahrnehmung über Ihre fünf Sinne, aber nun wie diese ganz genau ist. Es ist nämlich nicht egal ob Sie etwas sehen, hören oder fühlen. Es spielt auch eine große Rolle **wie Sie das tun**, wenn Sie sich z.B. von etwas ein Bild machen. Wie genau sieht Ihr Bild dann aus? Ist es bunt, scharf, bewegt oder eher schwarz-weiß, unscharf oder ein Standbild?
Je nachdem, wie Sie etwas wahrnehmen, werden Sie dabei auch die entsprechenden Gefühle entwickeln.
Beim Hören ist es genauso – der Ton macht die Musik! Es ist ein großer Unterschied, ob ich zu Ihnen sage: „Na das haben Sie aber toll gemacht" – mit einer wertschätzenden Tonalität. Oder ob ich sage: „Na das haben Sie aber toll gemacht" – mit einer zynischen Tonalität. Sagen Sie es sich selbst einmal unterschiedlich vor und überprüfen Sie, wie Sie sich jedes Mal fühlen. Merken Sie den Unterschied?
Diese feinen Unterschiede gibt es natürlich in jedem Repräsentationssystem, also auch beim Fühlen (Bewegung, Dauer, Intensität, u.s.w.), Riechen (blumig, würzig, scharf, u.s.w.) und Schmecken (salzig, bitter, schal, u.s.w.)
Damit Ihr Gehirn erkennt, ob etwas gut oder schlecht zu bewerten ist, macht es Ihnen eine ganz bestimmte innere Repräsentation von der

äußeren Situation. Je nachdem, wie die eigenen Programmierungen gerade sind, produziert es dann die geeigneten Hormone und erzeugt damit den entsprechenden Gefühlszustand in Ihrem Inneren.

Wollen Sie das gleich mal versuchen?

In Ordnung, dann denken Sie jetzt mal an eine unerfreuliche Situation in Ihrem Leben. Versuchen Sie sich daran zu erinnern und machen Sie sich ein Bild davon. Schauen Sie sich nun Ihr inneres Bild ganz genau an und überprüfen Sie:

- Wo genau befindet sich das Bild in Ihrer Erinnerung?
- Ist es links, rechts, oben oder unten und wie weit ist es von Ihnen entfernt? Wie groß ist es eigentlich. Genau 100 Prozent vom Original oder doch etwas größer oder kleiner?
- Wie sehen Sie das, was Sie sehen?
- (keine Inhalte, nur wie Sie es sehen) Ist es farbig oder schwarz-weiß, hell oder dunkel, scharf oder unscharf, bewegt oder ein Standbild?
- Wie hören Sie das, was Sie dort hören?
- (keine Inhalte, nur wie Sie es hören) Ist es laut, leise, von fern oder von nahe, aus welcher Richtung kommt das Gehörte? Ist es jämmerlich, begeistert oder aggressiv, u.s.w.?
- Wie fühlen Sie das, was Sie fühlen?
- Ist es weich, hart, bewegt, zärtlich, schmerzhaft, u.s.w.?

Haben Sie Ihr Erinnerungsbild? Und haben Sie die Art und Weise, wie Sie das genau wahrnehmen? Noch einmal: Der Inhalt ist dabei völlig uninteressant, interessant ist nur, **wie genau** Sie diese Inhalte wahrnehmen. Wenn Sie diese haben, schreiben Sie es sich auf.

Nun machen Sie das Ganze noch einmal mit einer äußerst erfreulichen Situation und schreiben auch das auf. Dann stellen Sie die beiden Beschreibungen der Art und Weise, wie Sie das Erlebte wahrnehmen, gegenüber und schauen, welche Unterschiede es gibt.

Vielleicht sind Sie jetzt überrascht, dass die Erinnerung an eine unerfreuliche Situation sich in Ihrem Inneren ganz anders darstellt als die Erinnerung an eine erfreuliche Situation. Durch die unterschiedlichen Repräsentationen kann Ihr Unterbewusstsein nun genau entscheiden, ob Sie sich freuen oder ärgern sollen. Ihr Gehirn schüttet dann die entsprechenden Hormone aus und hilft Ihnen dann, das passende Gefühl zu erleben. Sofort fühlen Sie sich z.B. ärgerlich, abgelehnt oder glücklich.

Das alles mag vielleicht ganz interessant sein, doch der aufmerksame Leser fragt sich vielleicht: „Und was bringt mir das jetzt?"

Wenn Sie so ein Leser sind und die obige Übung gemacht haben, dann versuchen Sie doch einmal, Ihr negatives Erinnerungsbild so zu verändern wie Ihr Positives. Also wenn das Negative z.B. 100 Prozent groß und das Bild etwas unscharf zu erkennen war, wogegen das Positive genau 120 Prozent groß und scharf und brillant war, dann machen Sie Ihre innere Repräsentation von der negativen Erinnerung doch einfach auch einmal

120 Prozent groß, scharf und brillant. Sie werden erstaunt sein, wie anders sich dann ein und dieselbe Erinnerung für Sie darstellt und wie schnell Ihr Gehirn es schafft, Ihnen ganz andere Gefühle von dieser Situation zu machen.

Auf diese Art und Weise können Sie nicht nur unangenehme Erinnerungen verändern, sondern ganze Überzeugungen, die sich in Ihrem Leben als hinderlich herausgestellt haben, konstruktiv verändern.

Für jeden NLPler ist eines jedenfalls ganz klar: Es ist nicht wichtig was wir erleben – **es ist einzig und allein nur wichtig, wie wir das Erlebte wahrnehmen**. Und das Tolle daran ist, dass wir unangenehme Erlebnisse jederzeit umprogrammieren können und somit leicht in eine bessere Verfassung kommen.

Kleinigkeiten in der Wahrnehmung und deren innerer Verarbeitung haben große Wirkungen auf uns selbst und andere. Deshalb ist auch der Wortschatz, den wir gerne benutzen, von größter Bedeutung.

Sprache und persönliche Energie

Haben Sie schon öfter zu sich oder zu anderen gesagt:

- Das ist ein Problem
- Ich kann das nicht
- Ich bin zu dumm
- Warum muss das gerade mir passieren
- Das funktioniert nie

– und wie haben Sie sich dann gefühlt? Sehr powervoll etwa? Oder doch eher schwach und hilflos? Probieren Sie einmal etwas anderes: Immer wenn Sie feststellen, dass Sie eine derartige Aussage machen möchten, dann tauschen Sie diese Aussage gegen das einfache Wort **„interessant"** aus. Achten Sie einmal darauf, wie Ihre Verfassung dann ist. Ich könnte mir vorstellen, dass diese dann ganz anders ist und Sie bald eine Lösung für ein konstruktives Handeln finden werden.

Nehmen wir doch noch einige praktische Beispiele: Sie fahren mit dem Auto und werden von einem anderen brutal und lebensgefährlich geschnitten. Was passiert dann mit Ihnen?

Stress steigt hoch, Ihr Körper produziert Adrenalin, dass es Ihnen fast aus den Ohren spritzt, und aus Ihren Augen schießen Blitze. Ihr Körper verspannt sich dabei und erstarrt zum Teil sogar.

So ein Tag ist beschissen und erst in der Nacht schaffen Sie es, sich in den acht Stunden Schlaf wieder zu entspannen. Doch am nächsten Tag erzählen Sie dieses Erlebnis der anderen Art einem Kollegen. Was passiert dann gleich wieder?

Stress steigt hoch, Ihr Körper produziert Adrenalin, dass es Ihnen fast aus den Ohren spritzt, und aus Ihren Augen schießen Blitze. Ihr Körper verspannt sich dabei und erstarrt zum Teil sogar. Der Teufelskreis ist erneut wieder aktiviert.

Wie wäre es jedoch, wenn Sie sich stattdessen einfach das Wort **„interessant"** denken könnten?

Ein anderes Beispiel: Wie ist es, wenn Ihr Chef oder eine andere für Sie wichtige Person schlecht gelaunt ist und mit Ihnen schimpft?

Stress steigt hoch, Ihr Körper produziert Adrenalin, dass es Ihnen fast aus den Ohren spritzt, und aus Ihren Augen schießen Blitze. Ihr Körper verspannt sich dabei und erstarrt zum Teil sogar.

Wie wäre es jedoch, wenn Sie sich stattdessen einfach das Wort **„interessant"** denken könnten?

Und ein letztes Beispiel: Sie kommen etwas später heim und Ihr Partner macht so ein besonderes Gesicht und spricht mit dieser eigenartig erhöhten Stimme zu Ihnen?

Wie läuft es dann ab, wenn Sie sich nur denken: **„interessant"**?

Die Begriffe, die Sie ständig wählen, beeinflussen Ihr Schicksal – denken Sie manchmal daran. ☺

Natürlich gibt es auch bessere Bezeichnungen für weitere typische Redewendungen und Wörter. Überlegen Sie sich einmal, welche Wörter Sie immer wieder benutzen um sich selbst in eine

miese Stimmung zu versetzen (gelangweilt, frustriert, enttäuscht, wütend, ärgerlich, verletzt....).
Um diese Wörter aufzuspüren, sollten Sie sich nur fragen: „*Welche negativen Gefühle stellen sich bei mir kontinuierlich ein?*"
Wie würde Ihr Leben verlaufen, wenn Sie die Intensität all Ihrer negativen Empfindungen soweit dämpfen könnten, dass Sie keinen nennenswerten Einfluss mehr haben und Sie selbst das Gefühl haben, Ihr Leben in Griff zu bekommen? Versuchen Sie es einmal, was kostet es Sie schon? Seien Sie kreativ und lassen Sie sich was Besseres einfallen als bisher. Hier noch einige Beispiele wie es gehen könnte:

Negative Ausdrücke verwandeln sich:

am Boden zerstört	zeitweilig aus dem Tritt
vom Partner verlassen	bin wieder auf dem Markt
auf dem Holzweg	auf der Suche
eifersüchtig	übermäßig liebend
dumm	auf Entdeckungsreise
gestresst	auserwählt/wichtig/in Aktion
traurig	beim Sortieren meiner Gedanken
ungeduldig	voller Vorfreude
zu Tode gelangweilt	es plätschert so dahin

Wenn Sie wollen, können Sie das in einem zweiten Schritt noch einmal verbessern und das könnte dann etwa so aussehen:

Guter Ausdruck verwandelt sich zum Superausdruck:

mir geht es gut	mir geht es absolut genial
	mir geht es super
gescheit	talentiert
in Ordnung	erstklassig/perfekt
nicht schlecht	könnte nicht besser sein
schnell	wie ein Blitz
hellwach	Bin in den Startlöchern
witzig	zum Kringeln
stark	unbesiegbar
schön	einzigartig/brillant
eine gute Idee	affentittenturbogeil ;-)

Je mehr Sie Ihre übliche Wortwahl transformieren, desto mehr verändert sich auch Ihre eigene Verfassung zu Ihren Gunsten.

Ein problematisches Wort, das bei den meisten Menschen wie mit einem Feuereisen eingebrannt zu sein scheint, will ich hier auch nicht ungenannt lassen. Doch vielleicht kommen Sie selbst gleich darauf, um welches Wort es sich hier handelt. Ich meine ein Wort, welches bei Problemen blitzschnell aus dem Unbewussten auftaucht und dann ungemein wichtig erscheint. Eben ein Wort, das dann immer wieder und wieder auftaucht. Also überlegen Sie einmal, was Sie sich so oft fragen, wenn Sie ein richtig tolles Problem haben?
Erinnern Sie sich doch einfach an eines aus Ihrer Vergangenheit – da gibt es doch sicher etwas, oder? Was haben Sie sich da immer wieder gefragt?

Ich vermute es war die „**Warum-Frage**". Warum muss das mir passieren? Warum funktioniert das nicht? Warum hilft mir keiner? Warum und immer wieder warum?

Diese Frage ist im Zusammenhang mit einem Problem aber wirklich eine ziemlich unsinnige und wird dadurch auch nicht besser, dass sie einfach allgemein üblich ist. Überlegen Sie einmal diese Frage genau. Wohin bringt Sie diese Frage? Eher in die Vergangenheit oder eher in die Zukunft?

Richtig, wohl nur in die Vergangenheit.

Aber wo kann die Lösung nur sein, wenn es doch das Problem schon gibt?

In der .... erraten? Ja richtig, natürlich nur in der Zukunft.

Aus diesem Grunde möchte ich Ihnen fünf Punkte als Alternative anbieten, wie Sie in Zukunft mit Ihren Problemen besser umgehen könnten. Falls Sie interessiert daran sind, können Sie jetzt leider das Buch nicht mehr aus der Hand legen. ☺

Wenn Sie also wieder einmal ein so richtig schönes Problem genießen, dann müssen Sie:

1. Akzeptieren, dass es so ist.
   Auch wenn es schwer fällt. Es ist schließlich schon geschehen und somit unabänderlich. Es also nicht zu akzeptieren, wäre eine reine Zeit- und Energieverschwendung.

2. Fragen Sie sich, was könnte daran positiv sein?
   Hier müssen Sie eventuell eine Zeitlang danach suchen. Aber eines ist ganz sicher: Alles

hat zwei Seiten! Sobald Sie erkennen, dass
auch etwas Gutes am Schlechten ist, werden
Sie Ihren Fokus verändert haben und Ihre
Verfassung wird sich dadurch wieder verbessern.

3. Statt „warum" fragen Sie nun: Was könnte
   ich verbessern?
   Diese Frage hat auch den einzigen Vorteil
   der „Warum-Frage" in sich. Nämlich zu ana-
   lysieren, was verbessert gehört, jedoch ohne
   dass Sie damit in die unlösbare Vergangenheit zurückfallen. Verbesserungen liegen
   nämlich immer in der Zukunft.

4. Was kann ich konkret tun, um die Situation
   nach meinen Wünschen zu verbessern.
   Dadurch werden Sie dann auch wieder hand-
   lungsfähig.

5. Was kann ich daraus lernen?
   Dadurch finden Sie Ihren Gewinn aus diesem Problem heraus. Es ist eine Art der
   konstruktiven Analyse.

Angenommen, Sie haben gerade ein Problem und
sind dieses jetzt mit den fünf vorgeschlagenen
Punkten durchgegangen. Und jetzt nehmen wir
auch noch an, es ist noch immer nicht gelöst. Was
machen Sie dann? Das Buch zur Seite schmeißen
und auf den Kronreif schimpfen oder doch besser das gleiche wie mit der „Warum-Frage" tun.
Fragen Sie bei einem Problem denn auch nur ein
einziges Mal „warum"? Natürlich nicht, Sie fragen
sich immer wieder, unermüdlich, solange, bis es

Ihnen richtig beschissen geht. Aber genauso müssen Sie mit den von mir vorgeschlagenen fünf Punkten umgehen und zwar so lange, bis es Ihnen wieder gut geht. Sie müssen sich diese fünf Fragen immer und immer wieder stellen, unermüdlich, so lange, bis das Problem gelöst ist. Allerdings wird sich Ihre Verfassung bei meiner Variante ständig verbessern. Versuchen Sie es doch einmal! ☺

Körper und Geist beeinflussen einander gegenseitig

Unsere Körperhaltung (Mimik und Physiologie) reagiert auf unsere geistige Einstellung genauso, wie unsere geistige Einstellung auf unsere Körperhaltung wirkt. Das habe ich anfangs unter den Grundprinzipien schon einmal erwähnt. Doch was bedeutet das genau?

Haben Sie schon einmal einen Menschen gesehen, dem es gar nicht gut geht? Ja, und woran haben Sie das dann erkannt? Vielleicht an der Stimmlage, mit der dieser Mensch gesprochen hat, aber ganz sicher auch an dessen Körperhaltung. Ein Mensch, dem es nicht gut geht, ist oft schlapp wie ein Waschlappen. Es fehlt jegliche Körperspannung, der Blick ist meist nach unten gesenkt und deren Körper nach vorne gebeugt. Im Kopf eines solchen Menschen sind dann vermutlich ziemlich trübe Gedanken, die ihm die letzte Kraft rauben. Die geistige Haltung eines solchen Menschen wirkt sich also unmittelbar auf dessen körperliche Haltung aus und ist deutlich an Mimik und Physiologie erkennbar.

Ebenso wirkt sich aber auch die körperliche Haltung auf die geistige Einstellung und Verfassung aus. Wollen Sie selbst einen Versuch wagen?

Das geht ganz einfach: Beugen Sie sich nach vorne und lassen Sie aus Ihrem Körper jegliche Spannung entweichen. Richten Sie Ihre Augen zum Boden und versuchen Sie sich jetzt dabei so richtig super zu fühlen.

Na, wie ist es gelaufen? Hat es etwa nicht so richtig funktioniert? Dann gleich zum nächsten Experiment:

Richten Sie Ihren Körper auf und bringen Sie etwas Spannung hinein. Wenn Sie wollen, können Sie Ihre Arme nach oben strecken und mit Ihren Augen sehen Sie ebenfalls nach oben. Wer es ganz optimal machen will, setzt noch ein gekünsteltes Grinsen auf sein Gesicht. ☺

Haben Sie es?

Gut, dann versuchen Sie jetzt doch gleich einmal, sich so richtig schlecht zu fühlen.

Und, wie war es jetzt? Sie meinen, schon wieder nicht funktioniert – dann haben Sie soeben herausgefunden, dass Sie für die entsprechenden Gefühle unbedingt auch die entsprechende Körperhaltung benötigen. Wenn Sie die falsche Körperhaltung – wie in der obigen Übung haben, dann werden Sie bei ihren gewünschten Gefühlen auch nicht erfolgreich sein.

Also, wenn Sie sich gerne besser fühlen wollen, dann könnten Sie z.B. einfach Ihre Physiologie so verändern, wie Sie sich gerade gerne fühlen würden.

Haben Sie eine aufrechte Haltung, den Blick nach oben gerichtet und vielleicht sogar ein Lächeln aufgesetzt, dann weiß Ihr Gehirn, dass es Zeit ist, die Hormonproduktion für Glücksgefühle anzukurbeln. Wollen Sie sich aber lieber schlecht fühlen, dann geht das auch ganz einfach – lassen Sie sich einfach hängen. ☺

Es spielt somit keine Rolle, ob Sie mit Ihrem Geist den Körper beeinflussen oder mit Ihrem Körper den Geist. Die Ergebnisse werden immer dementsprechend sein.

Durch das einfache Verändern der Physiologie entsteht eine kybernetische Schleife zwischen dem Innen und Außen, worauf auch das menschliche Immunsystem reagiert. Es verändert sofort die biochemischen und elektrischen Prozesse im Körper. Bei depressiven Menschen z.B. wird das Immunsystem schwächer und die weißen Blutkörperchen nehmen ab. Die gesamte bioelektrische Körperenergie verändert sich und die Bewegungen werden reduziert und langsamer. Der Blick ist meist nach unten gerichtet.
Bei Erfolgsmenschen ist es genau umgekehrt! Man sieht es Ihnen meist auch schon von weitem an.

Das Wissen um die Physiologie nutzen NLPler natürlich in Ihrer Arbeit und beeinflussen sehr bewusst die eigene Haltung bzw. auch die jener Menschen, mit denen Sie gerade arbeiten. Es spielt keine Rolle, ob zuerst der Geist oder der Körper verändert wird und es spielt auch keine Rolle ob der Körper bewusst verändert wird oder aufgrund einer entsprechenden geistigen Haltung. Auch eine gespielte Erfolgshaltung hat seine positive Wirkung. Denn der Geist kann nicht zwischen ‚gespielt' und ‚wirklich' unterscheiden. Eine Erfolgsphysiologie bewusst anzunehmen ist somit eine gute Voraussetzung für ein erfolgreiches und gesünderes Leben.

Die Physiologie sagt uns sehr viel über die inneren Zustände eines Menschen. So unterscheiden wir vor allem zwischen der:

- **Problemphysiologie** – der Mensch wirkt niedergeschlagen.
- **Ressourcenphysiologie** – der Mensch wird sich bewusst, dass er eigentlich Mittel und Wege kennt, seine ursprünglichen Stärken zu entfalten und zu mobilisieren.
- **Versöhnungsphysiologie** – der Mensch erkennt, dass alles zwei Seiten hat und an der Situation auch etwas Gutes dran ist.
- **Zielphysiologie** – der Mensch malt sich aus, wie es ist, das Ziel erreicht zu haben.

Dazwischen gibt es natürlich noch unzählige verschiedene Ausdrucksformen, die es einem geschulten NLPler leicht ermöglichen, aus der Haltung eines Menschen wie aus einem Buch zu lesen, spiegelt die Physiologie doch die innere Haltung eines Menschen meist überdeutlich wieder.

Haben Sie Lust auf ein kleines Experiment?

Okay, dann verändern Sie jetzt Ihre eigene Physiologie. Als erstes stellen Sie sich vor, dass Sie nach jahrelangem Training endlich Ihr Ziel erreicht haben und nun von allen als Sieger gefeiert werden. Nehmen Sie die typische Haltung eines Siegers ein – wie würde das bei Ihnen wohl ausschauen?
Sie können ruhig ein wenig experimentieren, bis Sie die beste Haltung haben und dann fühlen Sie einmal in sich hinein und überprüfen, wie Sie sich gerade fühlen?

Super? Was da wohl in Ihrem Körper gerade vorgeht und welche Hormone Sie jetzt produzieren? Spannend, nicht wahr?

Falls Sie einige Herausforderungen in Ihrem Leben haben – mit welcher Physiologie und Verfassung werden diese wohl einfacher zu lösen sein?

Es genügt ja schon, nur so zu tun, als wären Sie ein Sieger und die entsprechende Physiologie einzunehmen und schon verändert sich das eigene Gefühl.

Als nächstes tun Sie so, als wären Sie total verliebt. Verändern Sie Ihre Haltung und Ihre Mimik solange, bis es wirklich passt. ☺ Macht´s Spaß?

Dann tun Sie so als wären Sie eine ganz wichtige Persönlichkeit und passen dieser Vorstellung wieder Ihre Physiologie an.

Wenn Sie Lust haben, stellen Sie sich zum Abschluss noch vor, Sie hätten soeben den besten Witz Ihres Lebens gehört und können Sich vor lauter Lachen nicht mehr halten – einfach nur so tun.

Wie geht es Ihnen jetzt?

Was haben Sie aus dieser Lektion gelernt?

Wie könnten Sie dieses Wissen nun für ein glücklicheres und erfolgreicheres Leben wohl ganz konkret einsetzen?

Gleich wie eineiige Zwillinge

NLP ermöglicht exzellente Kommunikation und brillantes Führen.

Eine der Grundvorrausetzungen ist dabei der exzellente Rapport. „Rapport" bedeutet in diesem Zusammenhang nichts anderes, als in gutem Kontakt mit dem anderen zu sein – es geht also um die Beziehungsebene zwischen den Menschen.

Langjährige Beobachtungen von der Interaktion zwischen einzelnen Menschen haben eines ganz deutlich aufgezeigt: Die Beziehung ist umso besser, je mehr sich die Menschen aufeinander eingestimmt haben.

In der Physik gibt es das Phänomen der Resonanz: Schwingen zwei Körper in der gleichen Frequenz, dann wird sehr viel Energie frei. Menschen, die sich einander angleichen und im Gleichklang schwingen, haben ebenfalls eine gegenseitige Resonanz und setzen dabei viel Energie frei. Ein guter Kontakt wird also leichter dadurch erreicht, wenn sich der Kommunikator dem anderen angleicht.

Unter „angleichen" verstehen wir hier einerseits das Spiegeln (pacen) der Körperhaltung, Mimik und der Gestik, andererseits aber auch das Spiegeln der Sprach- und Denkmuster des anderen.

Beobachten wir Menschen, die einen sehr guten Kontakt haben, werden wir schnell feststellen können, dass sich diese ständig spiegeln. Sie haben eine ähnliche Körperhaltung und eine ähnliche Gestik. Auch Ihre Sprachmuster haben sich meist sehr schnell angeglichen.

Um nun von Anfang an gleich eine Basis für eine gute Beziehung zu schaffen, ist es sinnvoll, den anderen ganz bewusst zu beobachten und zu spiegeln.

Manchem mag das ja komisch vorkommen, und doch führt es unweigerlich zu einem schnellen und tragfähigen Kontakt. Überlegen Sie sich doch einmal, was Ihnen ein schneller und guter Kontakt alles bringen könnte. Wie ist es, wenn Sie als Verkäufer mit Ihrem Kunden gleich Resonanz haben, oder wie würde sich das für Sie als Führungskraft auswirken? Natürlich ist es auch äußerst hilfreich, wenn Sie besser flirten oder gerne neue Freunde gewinnen möchten.

Ist ein guter Rapport erst einmal hergestellt, kann problemlos mit dem Führen (leaden) begonnen werden.

Nun sind ja alle Beteiligten bereits in einer gemeinsamen Schwingungsfrequenz. Verändert nun einer davon vorsichtig die Handlungen (Schwingung), so ist der andere meist leicht bereit, dieser Veränderung zu folgen und seinerseits darauf zu achten, dass der gute Kontakt erhalten bleibt. Das bietet nunmehr dem NLPler die Möglichkeit, leicht die Führung zu übernehmen. Führen ist nun kein Akt mehr der Konfrontation, des Druck-Ausübens oder der Disziplinierung, sondern geschieht nach diesem Vorgehen sanft und fast unbemerkt, weil sich alle Beteiligten aufeinander eingeschwungen haben.

In meinen Seminaren gibt es bei diesem Thema manchmal Bedenken der Teilnehmer. Diese argumentieren dann damit, dass es sich hier doch um Manipulation handelt. Doch mal ehrlich gesagt, manipulieren Sie nicht auch? ;-)

Natürlich tun Sie das ständig. Jedes Mal wenn Sie Ihre Meinung äußern, wollen Sie damit etwas ganz Bestimmtes erreichen. Sie wollen dass der andere Ihre Meinung annimmt oder etwas genau so sieht, wie Sie das sehen. Es geht einfach nicht ohne. Entscheidend ist vielmehr, mit welcher Absicht Sie diese Techniken einsetzten.

Bei mir müssen deshalb die Kursteilnehmer immer eine gewisse Zeit lang einen anderen Teilnehmer spiegeln. Das erfordert einige Übung, denn erfolgreich sind sie in meinen Augen erst dann, wenn es Ihnen dadurch gelungen ist, das Herz des anderen zu gewinnen. Wer dann mit dieser Haltung kommuniziert, wird seine Fähigkeiten ständig verbessern, aber auch die Individualität des anderen besser respektieren und wertschätzen können.

Ein dadurch entstandener guter Kontakt ermöglicht Ihnen exzellente Kommunikation und Führungsqualitäten. Er ist auch eine wichtige Vorraussetzung für eine gelungene Veränderungsarbeit.

Probieren Sie doch einmal gleich folgendes Experiment aus:

Wählen Sie sich einen Gesprächspartner, der bereit ist, in einer vertrauten Umgebung mit Ihnen zu experimentieren. Führen Sie dann ein Gespräch über ein einfaches Thema wie z.B. Urlaub oder Hobby.

Sobald der andere zu erzählen anfängt, versuchen Sie kontrovers zu sein und experimentieren abwechselnd auf verschiedenen Ebenen:

- Nehmen Sie eine völlig andere Sitzhaltung ein als Ihr Gegenüber.
- Sprechen Sie in einer anderen Tonalität als Ihr Gegenüber.
- Machen Sie deutlich längere oder kürzere Sprechpausen als Ihr Gegenüber.
- Sprechen Sie deutlich schneller oder langsamer als Ihr Gegenüber.
- Machen Sie eine unpassende Mimik.
- Antworten oder fragen Sie in einem anderen Repräsentationssystem.

Wie verläuft die Unterhaltung jetzt? Wenn es schwierig geworden ist, dann versuchen Sie doch einmal bewusst Rapport aufzubauen, indem Sie:

- Eine ähnliche Körperhaltung einnehmen wie Ihr Gegenüber.
- Sich dessen Tonalität anpassen.
- Ihr Sprechtempo anpassen.
- Ihre Mimik Ihrem Gegenüber anpassen.
- Das gleiche Repräsentationssystem in Ihrer Sprache verwenden.

Wie verläuft die Unterhaltung jetzt? Wenn es nun besser geworden ist, dann versuchen Sie abwechselnd den Rapport zu brechen und wieder aufzubauen.

Holen Sie sich dann Feedback vom andern und fragen diesen, wo er sich wohl gefühlt und wo er sich eher unwohl gefühlt hat?

Bauen Sie dann wieder Rapport auf, indem Sie bestmöglich den anderen spiegeln und sich angleichen. Sobald Sie einen guten Rapport haben, beginnen Sie mit dem Führen. Das heißt, dass Sie zuerst nur in einem Bereich etwas verändern. Sind z.B. die Beine übereinander geschlagen, könnten Sie nun eine ganz offene Sitzhaltung einnehmen. Wenn Ihnen dann Ihr Gegenüber folgt, dann wissen Sie, dass Sie die Führung übernommen haben. Natürlich können Sie das auch mit dem Sprechtempo, der Tonalität oder mit allem anderen versuchen. ☺

Tauschen Sie sich anschließend über dieses Experiment aus und überlegen Sie sich: Wo in Ihrem Leben könnte diese neue Erkenntnis für Sie hilfreich sein?

Anker

Anker – damit ist nicht der schwere Anker eines Schiffes gemeint, sondern vielmehr das verankern eines emotionalen Zustandes. Die Ankertechnik ist auf die Forschung des Nobelpreisträgers Iwan Pawlow zurückzuführen. Dieser hat in einem Experiment bewiesen, dass zwischen einem äußeren Reiz und einem inneren emotionalen Zustand ein Zusammenhang hergestellt werden kann.

Bei seinen Versuchen experimentierte er mit Hunden. Diese legte er an eine Kette und stellte das Futter unerreichbar für sie hin. Jedes Mal, wenn er das Futter brachte und die Hunde dieses riechen und sehen konnten, läutete er gleichzeitig eine Klingel. Der Anblick und Geruch des Futters löste bei den hungrigen Hunden eine starke Speichelbildung aus. Nach einigen Wiederholungen genügte es vollauf, nur die Klingel zu läuten, um diese starke Speichelbildung bei Hunden auszulösen. Es entstand sozusagen eine ganz neue neurologische Verbindung – zwischen dem Klingeln und der Speichelbildung bei den Hunden.

Im NLP würden wir nun das Klingeln als einen Anker bezeichnen, mit dem es jederzeit möglich ist, eine ganz bestimmte Wirkung zu erzielen.

Im Laufe eines Menschenlebens werden unzählige solcher Anker bei jedem Menschen installiert. Je intensiver der emotionale Zustand gerade ist, desto wirkungsvoller ist auch der Anker.

Kennen Sie das nicht auch: Plötzlich hören Sie ein bestimmtes Lied im Radio, welches Sie früher mit Ihrer damaligen Liebe oder im Urlaub so gerne gehört haben, und schon ist die schöne

Erinnerung wieder da. In diesem Fall ist das Lied ein Anker für Sie, der wenn er ausgelöst wird, seine Wirkung nicht verfehlt.

Weitere Anker wären z.B., der Geruch nach frisch gebackenen Weihnachtskeksen oder Sie sehen plötzlich bei einer Autofahrt das Blaulicht eines Polizeiwagens direkt hinter Ihnen. Welche Gefühle bekommen Sie dann?

Wie geht es Ihnen mit Menschen, die eine gewisse Ähnlichkeit im Aussehen, Gestik oder Tonalität mit einer Person haben, mit der Sie etwas Unangenehmes erlebten. Richtig, die alten Gefühle stellen sich blitzschnell wieder ein.

Das alles sind Anker, die im Moment einer starken emotionalen Stimmung in Ihrem Gehirn installiert wurden. Es wurde also ein äußerer Reiz mit Ihrem emotionalen Zustand verbunden und das hat zu einer neuen Programmierung in Ihrem Gehirn geführt.

Es gibt somit natürlich eine Menge positiver aber leider auch etliche negative Anker bei jedem Menschen.

Das Wissen um die Funktion der Anker wird in der Werbung sehr bewusst eingesetzt, um bei den Kunden eine bestimmte Wirkung zu erzielen. Hier wird z.B. die Zigarettensorte „Marlboro" mit Freiheit und Abenteuer verbunden. Es wird durch geeignete Werbemittel ein Gefühl von Freiheit und Abenteuer suggeriert und dann mit dem Rauchen verbunden. Obwohl das heute bewusst niemand mehr ernst nimmt, verfehlt diese Art der Werbung nach wie vor Ihre Wirkung nicht. Marlboro ist immerhin die weltweit am meisten verkaufte Zigarettensorte.

In der Arbeit mit NLP nutzen wir die Ankertechniken vor allem dazu, einerseits unerwünschte Anker zu neutralisieren und andererseits, um gute innere Zustände mit einem Anker zu verbinden, damit wir sie dann jederzeit wieder abrufen können.

Im positiven Sinn werden wir mit Hilfe der Ankertechnik oft unbewusste Fähigkeiten zugänglich machen. Diese werden dann mit einem Anker verbunden, um sie dort wieder zu aktivieren, wo dieser Zustand erwünscht ist.

Ein Beispiel dafür ist der Moment of Excellenze. Es handelt sich hier um einen exzellenten Moment im eigenen Leben. Diesen powervollen Zustand können wir dann immer wieder aktivieren, wenn wir vor einer Herausforderung stehen oder uns einfach nur gut fühlen wollen.
Wollen Sie es gleich selbst ausprobieren?

In Ordnung, Sie könnten dann diesen Zustand eventuell auf eine bestimmte Geste und ein bestimmtes Wort verankern. Ich persönlich mache dann immer eine Faust und bewege diese kraftvoll nach oben. Dazu sage ich mit begeisterter Tonalität „Ja!"
Wenn Ihnen das nicht zusagt, dann können Sie natürlich auch etwas anderes nehmen, mit dem Sie dann Ihren powervollen Zustand ausdrücken möchten.
Gut, wenn Sie sich entschieden haben, wie Ihr Anker sein soll, dann beginnen wir gleich damit:

Erinnern Sie sich erst einmal an drei ganz tolle Augenblicke in Ihrem Leben. Genießen Sie diese Erinnerung und nehmen Sie sich genug Zeit für diese Übung.

Entscheiden Sie sich nun, welche die allerbeste ist. Wenn alle drei gleich gut sind, nehmen Sie einfach die erste.

Sehen Sie sich nun in Ihrer Erinnerung um und sehen Sie das, was Sie damals wirklich gesehen haben. Stellen Sie sich das richtig bildhaft vor und lassen Sie sich Zeit das Schöne noch einmal anzusehen.

Und jetzt versuchen Sie sich zu erinnern, welche Stimmen und Geräusche Sie in dieser Situation gehört haben.

Und während Sie in Ihrer Erinnerung sehen, was Sie damals gesehen haben, und hören, was Sie damals gehört haben, erinnern Sie sich auch, was Sie gespürt haben.

Genießen Sie diesen Zustand und überprüfen Sie ob Sie dabei auch etwas gerochen oder geschmeckt haben.

Schließen Sie nun bitte Ihre Augen und genießen die totale Erinnerung. Sobald Sie diesen Zustand besonders intensiv erleben, machen Sie Ihre Geste und sprechen dazu Ihr Schlüsselwort – das ist dann Ihr Anker.

Und? War es schön? Dann gleich noch einmal:

Denken Sie an eine Situation wo Sie sich vor lauter Lachen nur so gekringelt haben. Nehmen Sie irgendeine Situation, wo Sie vielleicht Tränen gelacht haben.

Erinnern Sie sich nun wieder daran, was Sie gesehen haben, als Sie genau in dieser Situation waren.

Und während Sie sehen, was Sie in dieser Situation gesehen haben, können Sie bestimmt auch hören, was und wie Sie das gehört haben?

Und während Sie das alles sehen, was es da zu sehen gibt und hören was es da zu hören gibt, fühlen Sie den Spaß, den Sie in dieser Situation in Ihrem Gesicht hatten.

Und während Sie alles sehen, was Sie damals gesehen hatten und alles hören, was Sie da gehört hatten und auch das spüren, was Sie gespürt haben, können Sie sich vielleicht sogar an einen bestimmten Geruch oder Geschmack erinnern?

Schließen Sie nun wieder Ihre Augen und genießen Sie diesen Zustand. Wenn Ihr gutes Gefühl in Ihnen aufsteigt, aktivieren Sie wieder Ihren Anker.

Und? Hat es geklappt? ☺

Dann gleich noch einmal:

Erinnern Sie sich an eine Situation, in der Sie sich mit jemand so richtig verbunden gefühlt haben.

Sobald Sie so eine Situation gefunden haben (vielleicht mit Kollegen, Freunden, Familie oder Partner) erinnern Sie sich wieder daran, was Sie in diesem Augenblick gerade gesehen haben.

Und während Sie sehen, was es zu sehen gibt, können Sie vielleicht auch die Geräusche oder Wörter hören, die es da zu hören gibt.

Und während Sie das alles sehen und hören können, was es in dieser Situation zu sehen und hören gibt, können Sie auch spüren, was es hier zu spüren gibt. Vielleicht spüren Sie sogar eine Berührung oder genießen einfach dieses innere Gefühl der Verbundenheit.

Während Sie in dieser Situation alles sehen, hören und fühlen können, was es hier zu sehen, hören und fühlen gibt, können Sie vielleicht auch einen besonderen Geruch wahrnehmen oder dabei etwas schmecken.

Schließen Sie wieder Ihre Augen und genießen Sie diesen Zustand der Verbundenheit. Wenn dieses Gefühl am stärksten ist, aktivieren Sie wieder Ihren Anker.

Na, wie geht es Ihnen jetzt? Wenn Sie Lust haben, sich wirklich super zu fühlen, machen wir nun gemeinsam den letzten Durchgang:

Erinnern Sie sich nun an eine Situation, wo Sie etwas gut geschafft haben. Einen Augenblick des Sieges, wo Sie wussten: „Ja, ich kann es - ich bin wirklich gut". Es ist ein Augenblick in Ihrem Leben, wo Sie wirklich stolz auf sich waren. Erinnern Sie sich an diese Situation und sehen Sie, was Sie in diesem Moment gesehen haben. Schauen Sie sich das alles ganz genau an.

Wenn Sie alles sehen, was es in diesem Moment zu sehen gibt, dann können Sie auch alles hören, was es da zu hören gibt. Hören Sie genau hin, wie klingt das alles was Sie hören?

Und während Sie sehen, was es zu sehen gibt und hören, was es zu hören gibt, können Sie ganz leicht auch alles spüren, was es in dieser Situation zu spüren gibt.

Und während Sie alles sehen, hören und spüren, was es in dieser Situation zu sehen, hören und spüren gibt, können Sie vielleicht auch einen Geruch oder Geschmack wahrnehmen.

Schließen Sie wieder Ihre Augen und genießen Sie diese besondere Situation ausgiebig. Wenn Sie den guten Zustand intensiv erleben, aktivieren Sie abermals Ihren Anker.

Also, wenn Sie es bis hierher mitgemacht haben, dann haben Sie jetzt ein richtiges Supergefühl, stimmt's? ☺

Und jetzt wollen wir einmal Ihren Anker testen. Machen Sie vielleicht eine kurze Pause und trinken einen Schluck Wasser oder sonst etwas. Danach feuern Sie Ihren selbst gesetzten Anker einfach ab. Das heißt, Sie machen Ihre Geste einfach noch einmal und sprechen dazu Ihr Schlüsselwort. Spüren Sie dann in sich hinein. Wenn Sie alles richtig gemacht haben, müssten Sie jetzt richtig super drauf sein. ☺

Tja, der Kronreif macht's eben möglich.

Entschuldigung, vergessen Sie den letzten Satz gleich wieder. Das war nur Werbung und sollte nichts anderes heißen, als: „Besuchen Sie schnell ein Seminar bei Kronreif!" Okay – verstanden? – Sie brauchen natürlich keinesfalls ein Seminar bei Kronreif besuchen. ☺

Ziele - der Erfolgsgenerator

Haben Sie schon einmal ein Puzzle gemacht, ohne das Bild vorher zu kennen? Falls ja, werden Sie gemerkt haben, dass es ein ziemlich schwieriges Unterfangen war. Etwas Vollständiges zu schaffen, ist nur sehr schwer möglich, wenn Sie nicht wissen, wie es am Ende aussehen soll.

Um Erfolg im Leben zu haben, sollten Sie schon wissen, was Sie wollen. Ein typisches Kennzeichen von Versagern ist es, dass diese nicht wissen, was sie eigentlich wollen. Sie haben keine konkreten Ziele, sie leben einfach nur so dahin und hoffen, dass es einmal besser wird. Fragt man diese Menschen, ob sie nicht etwas anstreben, dann kommt meist die Antwort, dass sie sich nicht entscheiden können was sie wirklich wollen. Diese Menschen sind aber genau in jener Situation wie der Mann in der folgenden Geschichte:

Ein Mann kommt zum Bahnhof und will sich eine Fahrkarte kaufen. Als er am Ticket-Schalter gefragt wird, wohin denn die Reise gehen soll, antwortet der Mann: „Ich weiß es noch nicht so genau". Der freundliche Ticket-Verkäufer will ihm behilflich sein und fragt deshalb, ob er nach München will. Doch der Mann lehnt abermals ab und meint nur: „Nein, nach München will ich nicht". Daraufhin versucht es der Verkäufer noch einmal und fragt, ob er nach Wien will. Doch auch das lehnt der Mann ab und meint nur, „Nein, nach Wien will ich auf gar keinen Fall".

Wie würden Sie über so einen Mann denken? Welche Fahrkarte würden Sie ihm verkaufen?

Die Geschichte scheint lustig zu sein, doch die Wahrheit ist, dass viele Menschen zwar sehr genau wissen, was sie nicht wollen, aber nur wenige wissen, was sie wollen.

Fragen Sie doch selbst einmal einige Menschen dazu und Sie werden schnell feststellen, dass ich Recht habe.

Nicht zu wissen was man will ist eine typische Eigenschaft von Versagern. Diese kommen einfach nicht weiter in Ihrem Leben und wagen es nicht, ihre Träume zu träumen, Visionen zu haben und sich selbst Ziele zu setzen. Dazu kommt dann auch noch, dass diese Menschen meist mit ihrem Leben ziemlich unzufrieden sind, Krisen in Arbeit und Privatleben haben und zu guter Letzt auch bald an psychischen und gesundheitlichen Problemen leiden. Damit haben sie dann schnell wieder die Ausrede zur Hand, dass sie unter ihren widrigen Umständen jetzt sowieso keine Zeit und Energie haben, sich Ziele zu setzen. Ihre Meinung ist dann: Wenn alles einmal besser ist, dann können sie damit ja anfangen. – Jetzt gibt es erst einmal Wichtigeres zu tun. Doch wann wird das bitte sein? Die Gefahr ist groß, dass das niemals der Fall sein wird. Denn ein gelernter Versager bleibt leider meistens ein Versager.

Um Ziele zu haben ist es notwendig, wieder mit dem Träumen zu beginnen. Viele Menschen beenden jedoch ganz schnell ihre Träume und verwerfen diese als völlig unrealistisch und das ist mehr als schade, denn mit NLP wäre es durchaus möglich, auch scheinbar unrealistische Träume zu realisieren. Es steckt mehr in uns Menschen als sich die meisten auch nur erträumen können.

Sollten Sie selbst von meinen Worten betroffen sein, dann empfehle ich Ihnen dringend ein NLP-Coaching oder noch besser, eine qualifizierte Ausbildung zu absolvieren. Dort kann Ihnen geholfen werden, wieder mit dem Träumen zu beginnen und daraus gute Ziele zu entwickeln.

Es zahlt sich wirklich aus, denn Menschen mit Zielen, sind nicht nur erfolgreicher in ihrem gesamten Leben, sie sind auch gesünder und glücklicher. Es ist die Natur des Menschen, die ständig nach Entwicklung strebt. Wenn Sie selbst gute Ziele haben und diese anstreben, dann verhalten Sie sich entsprechend Ihrer Natur. Diese belohnt Sie dann auch reichlich und produziert dafür in Ihrem Gehirn verstärkt die Glückshormone Dopamin und Acetylcholin. Diese körpereigenen Hormone machen Ihnen dann nicht nur gute Gefühle, sondern wirken sich darüber hinaus auch positiv auf Ihren Gesamtzustand aus.

Wer einmal ein gutes Ziel gefunden hat, freut sich darauf. Die Vorfreude ist dabei oft viel größer als die Freude, wenn das Ereignis dann endlich eintritt. Also, noch bevor Sie Ihr Ziel überhaupt erreicht haben, profitieren Sie alleine schon von der unbändigen Vorfreude. ☺

Selbst wenn alles schief geht und Sie ein Ziel einmal nicht erreichen – was macht das schon? Das Leben geht weiter! Sie setzen sich ein neues Ziel und genießen wieder die Vorfreude. Wollen Sie wirklich auf dieses Ihnen innewohnende Glückspotential verzichten? Sie brauchen doch nicht mehr zu tun, als sich einige gute Ziele zu setzen und schon führen Sie ein erfolgreicheres und glücklicheres Leben. In den meisten Fällen

werden Sie ohnehin Ihr Ziel auch erreichen und
wenn nicht – das Leben geht weiter. ☺

Ein Mensch der allerdings nicht weiß was er will,
wird auch niemals das erreichen was er will. Aber
wer weiß was er will, wird gesünder und glücklicher sein.

Leben Sie also Ihre Träume! Jetzt!!!

Wollen Sie es gleich einmal versuchen?
Na gut, dann malen Sie sich einen schönen
Traum aus – irgendetwas, es kann auch der
nächste Urlaub sein.
Haben Sie einen und sind Sie jetzt bereit dazu?
Na dann, nichts wie los!
Stellen Sie sich einmal ganz lebendig vor, wie es
sein wird, wenn Sie dieses schöne Ziel erreichen.
Es ist ja nicht auszuschließen, dass Sie es erreichen könnten. Und es ist auch nicht auszuschließen, dass es ganz toll werden könnte.
Es besteht sogar die große Chance, dass es richtig
toll wird, stimmt´s? ☺
Es ist also durchaus möglich, dass Sie Ihr Ziel
erreichen und dass es so richtig super wird. Vielleicht wird es sogar grandios, – was meinen Sie?
Wenn Sie es sich ganz genau überlegen, dann ist
es sogar sehr wahrscheinlich, dass es ganz toll
wird, wenn Sie bereit sind auch etwas dafür zu
tun.
Dann ist es eigentlich schon so gut wie sicher,
dass es ganz toll wird!
Es wird also ganz bestimmt toll!
Möglicherweise ist es sogar das Tollste, was Sie je
erlebt haben und Sie werden es genießen, wie Sie

noch nie etwas genossen haben. Es ist richtig genial, einfach Spitze!

Und überhaupt: Oft erreicht man seine Ziele sogar noch schneller als man denkt – stimmts?

Und jetzt, spüren Sie die Vorfreude?

Wenn ja, war das so schwer?

Alleine um das Gefühl der Freude zu erleben, ist es schon wert sich Ziele zu setzen.

Und wenn es dann doch nicht so wird? ☹

Ist doch völlig Schnuppe!

Das Leben geht weiter! ☺

Sie hatten die Vorfreude und waren dadurch lange Zeit in einer supergenialen Verfassung – ist das etwa nichts?

Außerdem haben Sie sicherlich schon ein neues Ziel, auf das Sie sich freuen und somit sind Sie fast immer super drauf. Doch obwohl es wirklich nichts ausmacht, wenn Sie ein Ziel nicht erreichen, eines will ich hier allen Pessimisten unmissverständlich klarmachen:

„Wer sein Ziel kennt und genau weiß wohin er will, kommt in den meisten Fällen auch direkt dorthin." Menschen mit Zielen sind erfolgreicher und natürlich auch glücklicher als all ihre ziellosen Zeitgenossen.

Ein oder mehrere Ziele zu haben ist also eine ziemlich gute Sache. Doch damit aus diesem Ziel auch etwas wird und es nicht nur ein Traum bleibt müssen zur Realisierung einige Dinge beachtet werden. Eine Struktur für eine gute Zielrealisierung bietet das NLP-Modell „SMART".

SMART bezeichnet die wichtigsten Kriterien eines guten Ziels. Das „S" steht hier für sinnesspezifisch, was bedeutet, dass Sie Ihr Ziel mit Ihren fünf Sinnen erkennen müssen.

Also wenn Sie jetzt ein Ziel haben, dann gehen Sie es doch gleich einmal SMART durch:

1. **Meine fünf Sinne :**
   Wie genau schaut Ihr Ziel aus?
   Was sehen Sie, wenn Sie Ihr Ziel ansehen?
   Wie hört es sich an und was genau hören Sie dann, wenn Sie Ihr Ziel erreicht haben?
   Wie fühlt es sich an und was genau fühlen Sie, wenn Sie Ihr Ziel erreicht haben?
   Gibt es an diesem Ziel auch etwas zu riechen oder zu schmecken?

Das alles sind die Kriterien, an denen Sie Ihr Ziel sinnspezifisch erkennen können.

2. **Als nächste nehmen Sie das „M".**
   Dieses steht für messbare Faktoren:
   Wie groß ist Ihr Ziel?
   Wie viel kostet Ihr Ziel?
   Wie viele Menschen sind daran beteiligt?
   u.s.w.

Also alles Fragen nach messbaren Größen. Sie brauchen das, um Ihr Ziel konkret zu machen.

3. **Danach fragen Sie nach dem „A".**
   Dieses steht für attraktiv.
   Was macht Ihr Ziel so attraktiv und anziehend für Sie?

Machen Sie sich das ganz klar, denn in dieser Frage steckt die Motivation und das ist Ihr stärkster Antrieb. Je attraktiver, desto mehr können Sie sich dafür begeistern und desto mehr Dopamin produziert Ihr Gehirn – und damit geht es Ihnen dann super. ☺

4. Das „R" steht dann für realistisch.

Ist Ihr Ziel auch realistisch und ist es eigenständig erreichbar?

Wie sind Ihre einzelnen Schritte zum Ziel und sind diese in einer realistischen, machbaren Größe? Falls erforderlich müssen Sie zu große Schritte in mehrere Teilschritte aufteilen.

Wie stellen Sie sicher, dass Sie die einzelnen Schritte auch erreichen?

Damit stellen Sie sicher, dass Sie Ihr Ziel auch erreichen können: Verbessern Sie Ihr Ziel solange, bis es passt. Ein Ziel, das heißt: „*Mein Chef soll mich befördern*", wäre nicht eigenständig. Wenn Sie jedoch als Ziel haben, sich für eine bessere Position zu qualifizieren, dann stimmt es wieder.

5. Das „T" steht dann für terminisiert.

Machen Sie sich einen genauen Terminplan. Bis wann haben Sie den ersten Schritt abgeschlossen und wann ist es Zeit den nächsten zu tun?

Bis wann sollte das Ziel allerspätestens erreicht sein?

Den ersten Schritt setzen Sie dazu innerhalb von 24 Stunden.

Untersuchungen haben aufgezeigt, dass Ziele bei denen für den ersten Schritt mehr als 72 Stunden vergangen sind, kaum noch Aussicht auf Erfolg haben. Erfolgreiche Menschen dagegen beginnen immer sofort! ☺

6. Als letzten Schritt machen Sie noch den „ÖKO-Check".
Das heißt, Sie fragen sich noch einmal, was Sie dafür aufgeben müssen, welche Konsequenzen die Zielerreichung für Sie und Ihre Umwelt hat. Falls dann nicht wirkliche Einwände kommen, haben Sie ein gutes Ziel gewählt.

Falls Sie es noch nicht gemacht haben, schreiben Sie es sich jetzt auf jeden Fall genau auf.
Das ist ganz wichtig, denn daran erkennt Ihr Unterbewusstsein, dass es Ihnen wirklich ein Anliegen ist. Es wird Sie in der Folge auch entsprechend unterstützen. Sie schreiben sich doch sonst auch alles auf, was Ihnen wichtig ist, oder? Wie ist das z.B. mit Ihrer Einkaufsliste?
Also, hinsetzen und schreiben. Achten Sie darauf, dass die Formulierung positiv ist. Also nur was Sie erreichen wollen und keinesfalls, was Sie vermeiden wollen. Ihr Gehirn ist nämlich nicht fähig, sich eine Verneinung vorzustellen. Bei einer Verneinung würde Ihr Gehirn sofort damit beginnen, sich das Negative vorzustellen und es somit noch verstärken. Das wollen Sie doch sicherlich nicht, oder?
Ein Beispiel gefällig?

Statt, "Ich will nicht mehr eine so langweilige Arbeit machen müssen", ist es besser, wenn Sie schreiben: "Ich will eine interessante und abwechslungsreiche Tätigkeit" (Tätigkeit genau beschreiben).

So, nun wissen Sie, wie man ein Ziel richtig formuliert. Haben Sie jetzt Lust auf Ziele bekommen? Und wie fühlen Sie sich dabei?
Falls Sie aber zu jenen Menschen gehören, die zwar viele Ziele haben, sich aber nicht entscheiden können, was sie zuerst machen sollen, dann lade ich Sie einmal zu einem NLP-Verhandlungsreframing ein, spätestens danach wissen Sie, was Sie tun sollten. ☺

Formulieren Sie Ihr Ziel und wecken Sie Ihre Begeisterung, indem Sie dieses wirklich attraktiv machen. Sie werden das Leben verstärkt genießen und sich wundern, was Ihnen dann alles möglich wird.

Glauben Sie einem professionellen Ex-Versager.

Leben Sie Ihre Träume mit Begeisterung!

Walt Disney - Träume werden wahr

Leben Sie Ihre Träume mit Begeisterung. Aber was ist, wenn man gar keine vernünftigen Träume hat? Vielleicht kennen Sie das auch selbst: Da schleicht sich auf einmal ein wirklich wunderbarer Traum ein, ja schon fast eine Vision von einem einzigartigen Ziel, und was passiert dann in Sekundenschnelle? Richtig, ein kritischer innerer Teil meldet sich mit lauter und vernichtender Stimme, die in etwa so lauten könnte:

„Träum nicht schon wieder", „Bleib Realist", „Du kannst das nicht", „Schön wär's, aber nicht in meiner Lage", „Ich weiß zu wenig", „Ich bin zu wenig qualifiziert", „Es gibt ja Menschen die das können, aber ich gehöre nicht dazu",... u.s.w.

Kommt Ihnen davon etwas bekannt vor? In unserer Welt ist kein Platz für Träumer. Sehen Sie sich doch nur an, wie erfolglos die meisten Träumer sind.

Ja, das stimmt schon, viele davon sind erfolglos. Doch die wissen auch noch nichts von der NLP-Walt-Disney Strategie.

Schon am Anfang dieses Buches habe ich Walt Disney erwähnt. Er hatte in einer Zeit der Weltwirtschafskrise einen ganz verrückten Traum. Disney träumte von seinem Disney-World. Was glauben Sie, haben seine Zeitgenossen damals über ihn gedacht?

Doch heute wissen wir es besser, der verrückte Traum ist wahr geworden. Disney ist zu einem erfolgreichen Weltkonzern aufgestiegen.

Solche Visionäre wie Walt Disney haben die Welt verändert. Auch wenn Sie nicht gleich die Welt verändern wollen, zeigt dieses Beispiel doch auf, dass unendlich vieles möglich ist. Es gibt doch sicherlich auch in Ihrem Leben einiges, was Sie gerne verändern möchten – oder?

NLP ist ja auch die Forschung nach Erfolgsstrategien, und so hat Robert Dilts die Erfolgsstrategie von Walt Disney erforscht und für jeden leicht nachvollziehbar dargestellt.

Das Besondere an dieser Strategie ist, dass Walt Disney träumen konnte, ohne dass sein innerer Kritiker gleich den Traum von Anfang an abgewürgt hat. Er hatte einen besonderen Platz zum Träumen und dort tat er auch nichts anderes. Auf einem anderen Platz, beschäftigte er sich ausschließlich mit dem Planen seines Traumes und wieder auf einem anderen mit der konstruktiven Kritik seines Planes. Dort hat er dann alles so lange verbessert bis es wirklich passte.

Etliche Versuche, diese Strategie nachzuahmen haben bewiesen dass es für jeden Menschen dadurch leicht möglich geworden ist, selbst verrückteste Träume zu realisieren. Im NLP-Coaching installieren wir dafür drei Plätze, in denen wir genau dasselbe machen. Zuerst werden die Plätze entsprechend energetisch verankert, sodass der Klient bei der eigentlichen Arbeit, schnell ins Träumen, Planen oder Perfektionieren kommt. Dann werden diese drei Stationen so oft durchlaufen, bis der Traum möglich erscheint. In diesem Prozess kann dann alles geklärt werden, was zur Verwirklichung dieses Traumes notwendig ist. Danach ist es kein Traum mehr, sondern ein konkreter Plan. Da der Traum nun realistisch geworden ist, kann jeder für sich selbst entscheiden, ob dieser Traum nun verwirklicht wird oder nicht.

Wenn dann ein „Ja" herauskommt, ist nur noch eine SMARTE Zielformulierung zu machen und die Umsetzung kann schon beginnen.

Alles hat zwei Seiten oder das Reframing

Einerseits ist auch andererseits und andererseits ist auch einerseits – verwirrt? Gut, dann sind Sie jetzt ja bald in Trance – auch eine NLP-Technik. Das aber nur am Rande bemerkt. Hier geht es vielmehr darum, dass an allem Schlechten auch etwas Gutes ist. Mit Reframing stellen wir somit etwas in einen neuen Rahmen.

Ein Beispiel gefällig?

Gut, dann denken Sie erst einmal an ein Sägewerk. Dort wird als Nebenprodukt eine Menge an Sägespänen produziert. Für das Sägewerk ist das lästiger Abfall, jedoch für eine Spanplattenfabrik wäre es ein wichtiger Rohstoff.

In diesem Beispiel habe ich für das Schlechte (Sägespäne) einen neuen Rahmen gefunden. Das Schlechte ist in diesem Beispiel zum Guten geworden, nämlich ein wichtiger Rohstoff mit dem sich ein Gewinn machen lässt.

Wenn ein NLPler ein Reframing macht, dann denkt er immer daran, was das Gute daran sein könnte. Wenn es sich jedoch um keine Sache, sondern um ein negatives Verhalten eines Menschen handelt, dann lautet die Frage meist: Was könnte die positive Absicht daran sein?

Dem NLP-Grundprinzip folgend, das hinter jedem (auch problematischen) Verhalten eine positive Absicht steckt, haben sich viele interessante Prozesse entwickelt. Einen davon habe ich schon erwähnt, nämlich das Verhandlungsreframing. In diesem Prozess geht es darum, dass innere Konflikte gelöst werden. Also immer dann, wenn wir uns nicht entscheiden können. Das gilt z.B. bei der typischen Aussage: „Einerseits will ich das eine und andererseits das andere".

Wenn sich so eine Unentschlossenheit einmal zeigt, trennen wir diese beiden Seiten und geben jedem seinen eigenen Raum. Sobald jede Seite ihre Wünsche und Bedenken geäußert hat, erforschen wir diese nach ihrer positiven Absicht. Ist diese erst einmal bekannt geworden, dann ist es ein Leichtes, die beste Lösung zu finden. Wir kommen damit also schnell von der Zerrissenheit wieder in die Einheit.

Überhaupt ist diese Methode sehr Erfolg versprechend, da wir unseren Fokus dabei immer auf die Lösungen gerichtet haben und darauf achten, was daran Gutes sein könnte. Das bringt dann zwangsläufig immer einen Gewinn und führt somit schnell wieder zu einer besseren Verfassung.

Ein weiterer NLP-Reframing-Prozess ist das Six-Step-Reframing. In diesem Prozess nehmen wir Kontakt zu unbewussten, inneren Wesensanteilen auf und lassen diese zu Wort kommen.

Also z.B. wenn Sie trotz besseren Wissens immer wieder etwas tun, was Sie gar nicht tun wollen. Hier gehen wir davon aus, dass Sie in Ihrem Unterbewusstsein einen sehr starken Teil haben, der zuverlässig dafür sorgt, dass Sie dieses unerwünschte Verhalten zeigen. Beispiele dazu wären: Süchte, zu viel essen, naschen, aggressiv werden, sich klein machen und anderes mehr. Nachdem wir mit diesem unbewussten Teil erst einmal in Kontakt getreten sind, können wir ihn fragen, was denn seine positive Absicht ist, die hinter diesem Verhalten steckt. Sobald wir diese kennen, machen wir uns auf die Suche nach besseren Verhaltens-Lösungen für diese positive Absicht und bieten diese dann dem unbewussten Teil an. Da dieser immer das Beste für einen will, nimmt er bessere Vorschläge nur zu gerne an und das unerwünschte Verhalten verändert sich fast von alleine.

Das kann wirklich interessant sein. Sie sollten sich so einen Prozess einmal ansehen – was da alles rauskommen kann, wird Sie sicherlich ins Staunen bringen.

Wenn Sie noch mehr über das Reframing wissen wollen, dann könnten Sie sich entsprechende Fachliteratur besorgen oder noch besser, es gleich selbst erlernen.

Wahrnehmungspositionen

Wahrnehmungspositionen oder auch Meta-Mirror genannt, beschreibt eine NLP-Technik, die sehr hilfreich ist, um eine angespannte Beziehung aus mehreren verschiedenen Positionen zu betrachten.

Üblicherweise sieht und erlebt ein Mensch alles aus seiner eigenen Perspektive. Wenn nun z.B. ein gespanntes Verhältnis zu einer anderen Person (z.B. zu einem Arbeitskollegen oder zum eigenen Partner) besteht, dann kommt es oft zu Konflikten, da die andere Person natürlich auch diese Beziehung mit ihren eigenen Augen sieht. Dahinter steht nicht selten eine ganz andere Darstellung der gleichen Wirklichkeit.

Eine Situation nur aus der eigenen Position zu betrachten kann deshalb eine sehr starke Einschränkung im Erleben der Realität sein. Haben Sie nicht auch schon einmal einen Streit mitverfolgt, bei dem Sie dachten: „Irgendwie haben da ja beide recht". Na und, könnte Ihnen das nicht auch passieren, dass Sie aus Ihrer eigenen Position Ihr Recht behaupten, obwohl auch der Konfliktgegner aus seiner Sicht vielleicht gar nicht so Unrecht hat?

Um sich nun ein halbwegs objektives Urteil über die tatsächliche Situation zu bilden, ist es nötig, mindestens drei verschiedene Positionen bzw. Perspektiven einzunehmen. Die NLP-Technik der Wahrnehmungspositionen hilft uns dabei, eine objektive Wahrnehmung der tatsächlichen Realität zu erhalten. Sie führt somit zu erheblich mehr Bewusstsein und verbessert damit die eigene Handlungsfähigkeit.

Bei dieser Arbeit werden mittels Kärtchen oder anderen Symbolen am Boden vier Positionen aufgelegt. Die Person, die den Klärungsprozess machen will, geht dann jeweils zu den vorher installierten Plätzen, um dort die Situation aus der jeweiligen Position zu betrachten.

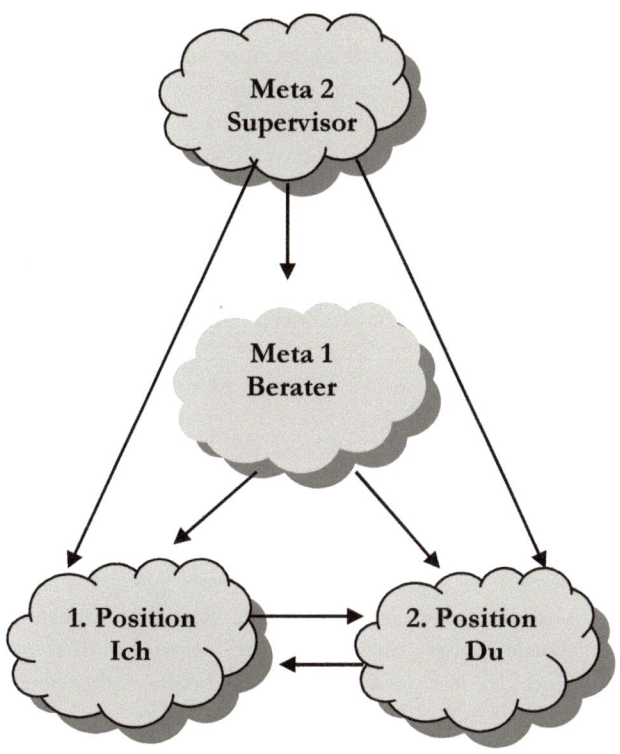

Und so machen Sie diesen Prozess:
Um einen Konflikt objektiv zu betrachten, gehen Sie dazu erst einmal in die „erste Position". Das

sind Sie selbst. Von hier aus betrachten Sie die Konfliktsituation mit Ihren eigenen Augen und Ihren eigenen Wertevorstellungen und Beurteilungen. Erklären Sie der anderen Position was Sie stört und was Sie wollen. Überprüfen Sie auch, was Ihre positive Absicht für Ihr gezeigtes Verhalten ist.

Danach lösen Sie sich völlig aus dieser Position – hier braucht es einen wirksamen Unterbrecher, den ein NLP-Coach meist unterstützend anbietet. Nun gehen Sie in die „zweite Position". Das ist die Position des anderen. Werden Sie zu diesem Menschen. Nehmen Sie seine Körperhaltung ein und spüren Sie erst einmal, wie es sich anfühlt, der andere zu sein. Dann nehmen Sie auch dessen Wertvorstellung an, betrachten seine Geschichte so gut wie möglich und identifizieren sich völlig mit dieser Person. Sie sind jetzt der andere!

Nun wenden Sie sich an die erste Position und sagen dieser, wie es Ihnen geht und was Sie von ihr wollen. Erklären Sie der ersten Position auch, was Ihre positive Absicht für Ihr gezeigtes Verhalten ist.

Nun ist wieder ein starker Unterbrecher notwendig, bevor Sie erneut die Position wechseln.

Nachdem beide Ihre Positionen geklärt haben und auch jeweils die positive Absicht dargestellt wurde, gehen Sie in die dritte Position. Das ist eine „Meta-Position", also die Position des neutralen Beobachters und Beraters. Hier sollten Sie genug Abstand haben, sodass Sie sich völlig emotionslos und rein auf vernünftiger Basis den vor Ihnen ablaufenden Prozess ansehen können. Es interessiert Sie hier nicht, weswegen die beiden streiten. Es interessiert Sie vielmehr, was für ein

Prozess hier vor Ihnen abläuft und wie die beiden es machen, so einen Konflikt überhaupt aufrecht halten zu können.

Überprüfen Sie von hier aus auch, welche Informationen und Ressourcen die beiden brauchen und bringen Sie diese dann zu den betroffenen Positionen.

Eine weitere Position ist die „Meta 2-Position". Sie ist meist einige Meter entfernt von den anderen Positionen installiert. Es ist die Position des Supervisors, der von ganz außen, frei jeglicher Emotionen, die ganze Arbeit betrachtet. Von dieser Position werden Hinweise und Verbesserungsvorschläge an alle drei Beteiligten gegeben. Es ist auch die Position des Perfektionierers.

Zwischen den einzelnen Positionen kann beliebig oft gewechselt werden. Es wird somit das eigene und das Weltbild des anderen erforscht und nach einer Lösung gesucht. Nicht selten wird dann zwischen den Konfliktpartnern eine sehr gute Beziehung möglich, da sich oft herausstellt, dass beide eine ähnliche Absicht – jedoch mit unterschiedlichen Mitteln – verfolgen. Nach diesem Klärungsprozess können neue Wege für eine gute Zusammenarbeit gefunden werden. Das Verständnis und die Lösungsmöglichkeiten werden dadurch enorm gesteigert.

Dieser Prozess lebt von der klaren Trennung der einzelnen Positionen und der Betrachtung aus verschiedenen Wahrnehmungspositionen. Er kann, wenn man ihn anfänglich alleine durchführt, manchmal noch schwierig sein. Hilfreich ist es, gerade bei den ersten Versuchen sich von einem NLP-Coach begleiten zu lassen. Dieser achtet auf vieles, was Ihnen sonst vielleicht ver-

borgen bleibt und achtet vor allem auf eine saube-
re Trennung der einzelnen Positionen. Wenn Sie
dann diesen Prozess einige Male gemacht haben,
können Sie ihn auch alleine sehr erfolgreich für
sich nutzen.

Die Sprachmodelle Milton und Meta

Man kann es nicht sehen, nur hören.
Man kann es nicht mit Händen fassen und doch fühlen.
Es kann unendlich wehtun,
und es kann auch wieder Freude bereiten.
Es knechtet den, der sich von ihm beherrschen lässt,
und es schenkt dem unendliche Macht, der es beherrscht.
Es ist die ....

Haben Sie es erraten? Die richtige Antwort ist „die Macht der Worte".
Wer diese beherrscht, der verfügt über ungeheure Macht und sollte deshalb auch sehr bewusst damit umgehen.

Das Milton-Sprachmodell wurde nach dem erfolgreichen Hypnoseexperten Milton Erickson benannt. Es ist die kunstvoll vage Sprache. Eine Sprache, die es dem anderen erlaubt, sein eigenes Weltbild in die Aussagen hineinzuinterpretieren. Dennoch löst der Sprecher damit ganz bestimmte Wirkungen beim anderen aus. Lesen Sie doch einmal folgenden Liebesbrief:

Mein lieber Schatz,

wenn ich meine Augen schließe, sind meine Gedanken im nächsten Augenblick bei dir. Dann empfinde ich den Geruch deines Körpers und meine Sehnsucht nach dir, die jetzt wo du diese Zeilen ließt und fern von mir bist, einzig zu stillen vermag.

Die Gedanken an dich, mein Schatz, und das unbeschreibliche Gefühl deiner Nähe, lösen in mir eine gewaltige Welle aus, die gleich einer riesigen Flutwelle über mich hereinbricht und uns für einen Augenblick, der ewig dauert, verschmelzen lässt — uns eins-sein lässt.

Wie weit du auch fort bist, bist du mir doch immer nahe. Es ist einfach wunderschön für mich, dich zu kennen und an dich zu denken. Auf so ein Geschenk, auf dich, mein Liebling, war ich nicht vorbereitet. Es hat mich einfach überwältigt wie eine Naturgewalt, der ich nicht gewachsen war.

Immer wenn ich dich sehe, verspüre ich dieses besondere Etwas zwischen uns.

Doch eines weiß ich genau, heute oder morgen, oder zu irgendeinem späteren Zeitpunkt, werden wir einen gemeinsamen Abschnitt erleben, der wahrscheinlich schon seit Jahrhunderten darauf gewartet hat, gelebt zu werden.

Liebling, an dich zu denken, dich anzusehen, dich zu berühren, dich zu spüren, dich zu lieben…, all das für sich alleine ist schon so intensiv für mich, dass ich nicht vermag, die Worte zu finden, die das ausdrücken, was ich empfinde, wenn ich auch nur einzelne Abschnitte mit dir davon tatsächlich erleben darf.

Ich weiß, dass du jeden Gedanken von mir an dich spüren kannst und somit bin ich bei dir, auch wenn uns viele Kilometer voneinander trennen. Wo du auch bist, da bin auch ich, wo ich bin, da bist auch du.

Schließe jetzt deine Augen, höre meine Stimme und spüre meine Hände, die dich zärtlich liebkosen. Ja, jetzt spürst du es - ich bin nun ganz bei dir, dich zu beschützen und dich zu lieben, dich in den Schlaf zu wiegen, um dort in deinen Träumen dir zu begegnen.

Schließe deine Augen, schau mich an und du siehst mein Lächeln. Lehne dich an mich, ich nehme dich in meine Arme und bin jetzt ganz bei dir…

Die Reaktionen meiner Leser mögen jetzt unterschiedlich sein und gehen vermutlich von „Was ist denn dass für ein Schmarrn?", bis zu „Das ist aber ein wunderbarer Brief".

Das hat natürlich auch damit zu tun, wie Sie selbst die Welt wahrnehmen.

Doch mal ehrlich, wie viele Frauen und auch Männer sehnen sich danach, solche Worte zu hören, von einem Menschen so sehr geliebt zu werden und so einen Brief zu bekommen. Wie würde es Ihnen ergehen, wenn Sie bis über beide Ohren verliebt wären und Schmetterlinge im Bauch hätten? Würde so ein Brief nicht ganz intensive Gefühle in Ihnen auslösen?

Bei diesem Sprachmuster handelt es sich um die Oberflächenstruktur der Sprache, die kunstvoll vage, andere zu verführen vermag. Diese Sprache wird natürlich auch gerade in der Werbung oder in der Politik bevorzugt verwendet.

Doch kehren wir zurück zu dem Brief. Wenn Sie ihn kritisch betrachten, werden Sie feststellen, dass hier nicht eine einzig klare Aussage enthalten ist und sogar unvollständige Sätze vorkommen. Einige Beispiele gefällig?

Wenn ich meine Augen schließe, sind meine Gedanken im nächsten Augenblick bei dir.

- Hast du deine Augen geschlossen?
- Wirst du sie schließen?
- Wann schließt du deine Augen?
- Welche Gedanken?
- Was ist ein Augenblick?

- Wie kommst du mit deinen Gedanken dorthin?

Dann empfinde ich den Geruch deines Körpers und meine Sehnsucht nach dir, die jetzt wo du diese Zeilen ließt und fern von mir bist, einzig zu stillen vermag.

- Wie genau empfindest du das?
- Was ist für dich Sehnsucht?
- Wie weißt du, wann der Zeitpunkt gekommen ist, dass der andere diese Zeilen liest?
- Wie machst du es, deine Sehnsucht zu stillen?

Eines weiß ich genau, heute oder morgen, oder zu irgendeinem späteren Zeitpunkt, werden wir einen gemeinsamen Abschnitt erleben, der wahrscheinlich schon seit Jahrhunderten darauf gewartet hat, gelebt zu werden.

- Was lässt es dich genau wissen?
- Wann ist irgendein späterer Zeitpunkt?
- Was ist für dich ein gemeinsamer Abschnitt?
- Wie macht der Augenblick es, seit Jahrhunderten darauf zu warten?
- Was ist ein Augenblick für dich?
- Was heißt „gelebt zu werden"?

Man könnte diesen Text unendlich lange hinterfragen. Dieses Sprachmuster lebt von Verzerrungen, Tilgungen und Nominalisierungen. Es wird verallgemeinert, Konkretes wird weggelassen oder

Überbegriffe werden verwendet, die dann jeder für sich selbst einordnen kann. So wie z.B. das Wort „Liebe". Fragen Sie doch einmal zehn Personen, was sie unter Liebe verstehen und Sie werden zehn unterschiedliche Darstellungen erhalten.

Versuchen Sie nun selbst einmal, die folgende Rede eines Politikers danach zu hinterfragen, was der genaue Inhalt dieser Aussage eigentlich ist. Das heißt, bringen Sie die Aussage auf die Tiefenstruktur. Dort wo alles klar und unmissverständlich ist. Was genau sagt jeder Satz aus und was könnte alles hineininterpretiert werden?

Liebe Landsleute,

stellen Sie sich doch einmal vor, da kam gestern ein begnadeter Wissenschaftler zu mir und behauptete, dass alle Hundebesitzer Kriminelle sind. Ich dachte ich traue meinen Ohren nicht.
Doch ich frage Sie, liebe Mitbürger und Mitbürgerinnen, legen Sie Wert auf persönliche Freiheit?
Wer von Ihnen ist der festen Überzeugung, dass jeder Mensch das Recht auf persönliche Freiheit hat? Wer von Ihnen will sich in seiner Freiheit auf keinen Fall einschränken lassen, und schon gar nicht von so einer egoistischen Minderheit?
Wer von Ihnen findet es richtig, dass unsere Werte von Frieden und Freiheit geschützt und verteidigt werden müssen?
Sind es nicht unsere Kinder, denen wir für eine sichere Umwelt verpflichtet sind?
Sie sind sicherlich auch der Meinung, dass den unzähligen, lebensgefährlichen Übergriffen von Hunde-Attacken ein

Ende gesetzt werden muss. Spielplätze, die mit lebensge-
fährlichem Hundekot beschmutzt werden. Beißwütige
Hunde, die von Ihren Haltern oft nicht einmal an die
Leine genommen werden.

Und ich weiß nicht, meine Damen und Herren, ob Sie
zuerst noch genügend eigene Beispiele gesammelt haben
müssen oder ob Sie jetzt schon überzeugt sind, dass 99
Prozent aller Hundebesitzer Kriminelle sind.

Meine Damen und Herren, liebe Landsleute, Sie fragen
sich sicher: „Wie kommt er darauf?"

Ich bin sehr froh, dass Sie sich das fragen, denn ich habe
ebenfalls ungläubig den Kopf geschüttelt, als ich das erste
Mal mit diesen unglaublichen Tatsachen konfrontiert
wurde.

Ich habe gehört, was meine politischen Gegner von mir
fordern: Sie wollen Beweise sehen für meine Beschuldigun-
gen. Aber ich frage Sie, meine lieben Landsleute: Brauchen
wir Beweise, um unsere Freiheit und unsere Kinder zu
verteidigen? Brauchen wir wirklich noch besserer Gründe,
um Recht und Ordnung in unserem Land aufrecht zu
erhalten? Oder hat nicht auch das Gefühl einer Bedrohung
seine Daseinsberechtigung in einem Rechtsstaat wie dem
unsrigen? Müssen wir wirklich erst abwarten, dass noch
Schlimmeres passiert?

Ich sage Ihnen, meine sehr verehrten Damen und Herren:
Wir haben jetzt schon genug Probleme in unserem Land!
Und ich sage deshalb: Wir können auf Elemente verzich-
ten, die unsere Gesundheit und Freiheit leichtsinnig aufs
Spiel setzen.

Auf Elemente, die nur, weil sie einen Hund haben, glauben sie seien etwas Besseres, können wir getrost verzichten.
Deshalb werde ich mich dafür einsetzen und bin sicher, Sie
werden mich dabei unterstützen, dass wieder Sicherheit
und Ordnung in unser Land einkehrt.

Ich fordere Sicherheit und Freiheit für jeden in diesem Land! Denn das wollen wir doch alle! Ist es nicht so?

Die Menge brüllt „Ja" und unser polemischer Politiker sammelt erfreut die Wählerstimmen ein. Vielleicht sind Sie der Meinung, dass diese Rede eine starke Übertreibung ist. Doch hören Sie einmal aufmerksam den verschiedenen Wahlkampfreden zu und Sie werden erstaunt sein, wie schnell Sie dieses Sprachmuster wieder erkennen.

Das „Milton-Sprachmuster" ermöglicht uns aber auch, tiefer in das eigene Erleben hineinzugehen und seine eigenen Stärken wieder an die Oberfläche zu bringen. Wenn Sie die Übung „Moment of Excellenz", im Kapitel „Anker" gemacht haben, werden Sie feststellen, dass ich genau dieses unspezifische Sprachmuster verwendet habe. Wie war die Wirkung auf Sie?

Wollen Sie Milton noch einmal genießen? Dann nehmen Sie sich etwas Zeit, machen es sich bequem und lesen ganz langsam den folgenden Text. Folgen Sie jetzt genau den Anweisungen:

Vielleicht können Sie sich fragen, wie es ist, wenn Sie sich so richtig gut entspannen. Was würde wohl Ihr rechtes Bein dazu sagen, wenn es jetzt oder später beginnen könnte alle Spannung einfach loszulassen - und würde das auch Ihr linkes Bein gerne tun?

Vielleicht haben Sie Lust darauf, sich so sehr zu entspannen, wie Sie es immer tun, wenn Sie Ihre Augen nach einem wunderbaren Tag schließen und sich zur Ruhe begeben.

Sie können es genießen zu beobachten, wie einfach das ist und wie sich jetzt schon Ihr Atem verändert hat, während

*Ihre Gedanken wie kleine Wölkchen am blauen Himmel
vorüberziehen...*
*Und während alles von selbst geschieht was geschehen soll,
erinnern Sie sich an einen wunderschönen Ort, an dem Sie
einmal waren oder vielleicht einmal sein möchten. Begeben
Sie sich jetzt auf eine Reise und schauen Sie sich dort um,
wie schön hier alles ist. Vielleicht hören Sie auch all die
angenehmen Geräusche und spüren die Kraft dieses wunderbaren Ortes. Genießen Sie jetzt diesen Platz mit all
Ihrem Sein und saugen Sie sich mit dieser einzigartigen
Lebensenergie ganz voll.*

Ich hoffe Sie haben sich jetzt schön entspannt -
oder sind Sie gar schon eingeschlafen? Am besten
ich höre jetzt wieder auf damit – sonst können Sie
vielleicht nicht mehr weiterlesen – und das wäre
zu schade.

Das Gegenteil des Milton-Sprachmusters ist das
Meta-Sprachmuster. Hier wollen wir die Tiefenstruktur einer Aussage erkunden. Wir wollen also
ganz genau wissen, was die eigentliche Aussage
ist. Dazu helfen uns bestimmte Fragen zur Klä-
rung.

Bei **Generalisierungen** z.B. werden Einzelerfah-
rungen verallgemeinert. Es sind Aussagen, in
denen Wörter wie immer, nie, alle, jedes Mal
u.s.w. vorkommen. Diese werden dann nach
Ausnahmen oder nach der Einzelerfahrung hin-
terfragt.

- *Er hört nie zu* – wirklich niemals – ohne Ausnahme?
- *Immer muss ich alles alleine machen* – wirklich immer – wie oft musst du etwas alleine machen?
- *Alle können es besser* – wirklich alle – jeder Mensch auf dieser Welt? Wer sind alle?

Gedankenlesen oder Hellsehen: Das sind dann Mutmaßungen darüber, wie der andere denkt, oder eine Zuschreibung, was er über einen selbst wissen müsste. Hier stellen wir die Fragen: wie, woher, wodurch weißt du das?

- *Renate ist ängstlich* – woher weißt du das?
- *Ich weiß, dass Sie mir zustimmen werden* – woher weißt du das?
- *Er respektiert mich nicht* – wie macht er das?

Unvollständige Vergleiche: Hier fehlt, worauf sich der Vergleich bezieht. Wir fragen hier: als was, wer, im Vergleich wozu, verglichen mit…, in welcher Hinsicht?

- *Es geht mir besser* – im Vergleich wozu?
- *Diese Ausbildung ist wesentlich besser* – verglichen mit was?
- *Der Preis ist zu hoch* – verglichen mit was?

Tilgungen: Das sind Aktivitäten, bei denen Teile der ursprünglichen Erfahrung weggelassen werden. Wir fragen hier nach dem Fehlenden. Was genau meinst du?

- *Ich fürchte mich* – wovor?
- *Das ist die richtige Stelle* – wofür?
- *Er macht das gut* – was genau?

Hier gebe es noch viele Beispiele, aber ich glaube, Sie verstehen schon was ich meine. Die Oberflächenstruktur der Sprache hinterfragen Sie so lange, bis unmissverständlich klar ist, was genau damit gemeint ist. Sie bekommen dadurch viel Klarheit und vermeiden Missverständnisse und Sie helfen auch noch dem anderen, sich selbst darüber klar zu werden, was er eigentlich wirklich will.

Hören Sie doch einmal schweigend bei Unterhaltungen zu und Sie werden feststellen, dass Menschen meistens in der Oberflächenstruktur kommunizieren. Aber was kann da alles hineininterpretiert werden? Je nach dem eigenen Weltbild macht sich dann jeder seine eigene Version des Gesagten. Das ist bei weitgehender Übereinstimmung durchaus in Ordnung, doch bei entscheidenden Punkten sollten Sie schon genau wissen, was der andere wirklich meint. Die Fähigkeit, solche entscheidenden Unklarheiten zu erkennen und dann die richtigen Fragen zu stellen, hilft Ihnen dann, mehr Klarheit ins eigene Leben zu bringen, bewusster zu werden, Täuschungen zu erkennen und Konflikte, die auf Missverständnisse zurückzuführen sind, zu vermeiden.

Wäre es nicht interessant, wenn Sie das wirklich gut könnten?

Werte und Überzeugungen

Werte und Überzeugungen steuern das Leben und sind das Grundprogramm Ihres Lebens. Ich meine damit Werte wie:

- Sicherheit
- Freiheit
- Gesundheit
- Familie
- Treue
- Sex
- Karriere
- Reichtum
- Teamfähigkeit
- Wissen/Bildung
- Erfolg
- u.v.m.

Ist Ihnen persönlich davon etwas wichtig? Vermutlich ja, vielleicht sogar das meiste. Diese Werte haben Sie sich aufgrund der Kultur, in der Sie leben und Ihrer eigenen Lebenserfahrung angeeignet. Dazu gehören auch die Überzeugungen – auch Glaubenssätze genannt – mit denen Sie begründen, warum Ihnen das so wichtig ist.
Diese Werte hat jeder Mensch für sich in einer eigenen inneren Hierarchie angeordnet. Also was ist der absolut höchste Wert und was ist der zweite u.s.w.?
Um Ihr Leben so zu leben wie Sie es tun, brauchen Sie diese Hierarchie, damit Sie Entscheidun-

gen treffen zu können. Wären alle Ihre Werte absolut gleichwertig, könnten Sie nichts mehr tun. Nehmen wir ein Beispiel:

Ein Mensch, bei dem der Wert „Sicherheit" an erster Stelle steht und der Wert „Freiheit" an zweiter, wird bei all seinen Entscheidungen unbewusst den Sicherheitsfaktor überprüfen. Die Freiheit ist dann nur möglich wenn die Sicherheit gewährleistet ist.

Ist es allerdings umgekehrt, dann würde so ein Mensch zwar auf Sicherheit achten, aber niemals seine Freiheit aufgeben. Im Zweifelsfall würde er sich für die Freiheit entscheiden, selbst wenn er keine 100 Prozent Sicherheit hat. Natürlich würde er alles tun, um dem zweiten Wert, der Sicherheit, möglichst gerecht zu werden.

An diesem Beispiel können wir leicht erkennen, dass es bei Menschen mit unterschiedlicher Hierarchie auch zu unterschiedlichen Entscheidungen kommt. Der eine würde z.B. seinen sicheren Arbeitsplatz niemals aufgeben, auch wenn er noch so schlecht ist, während der andere sich eine neue Herausforderung sucht und dabei auf möglichst große Sicherheit achtet.

Im obigen Beispiel sind die Werte unmittelbar hintereinander. Aber was glauben Sie, wie es aussehen würde wenn der Wert „Sicherheit" bei einem Menschen an erster Stelle liegt und bei einem anderen erst an der zehnten? Die Handlungsentscheidungen von zwei solchen Menschen würden wohl sehr unterschiedlich ausfallen.

Wenn Sie die Hierarchie Ihrer eigenen Werte erkennen, verstehen Sie Ihre eigenen Entscheidungen viel besser. Falls Sie Lust haben, können Sie es gleich einmal versuchen.

Schreiben Sie sich selbst einmal Ihre zehn wichtigsten Werte auf. Das könnten welche sein, wie ich sie oben angeführt habe, aber natürlich kann Ihnen auch etwas anders wichtig sein. Es kommt ja auch auf den Kontext an, indem Sie sich diese Frage stellen. Damit meine ich z.B. im Kontext „Arbeit" oder im Kontext „Partnerschaft" oder im Kontext „persönliche Entwicklung".

Wenn Sie Ihre zehn wichtigsten Werte in Ihrem Kontext aufgeschrieben haben, dann können Sie damit beginnen, Ihre Hierarchie herauszufinden, indem Sie sich folgendes fragen:

Was ist mir am wichtigsten? Ist der Wert „X" (z.B. Gesundheit) für mich wichtiger als der Wert „Y" (z.B. Karriere)? Wenn die Antwort nun lautet „Y"(Karriere), dann ist „Y" der höhere Wert im jeweiligen Kontext. Fragen Sie dann weiter, ist mir „Y" wichtiger als „Z"(z.B. Freizeit), dann kommen Sie zum nächsten Wert in Ihrer Hierarchie. Fragen Sie immer weiter und Sie erhalten Ihre genaue Rangordnung. Falls einmal zwei Werte absolut gleichwertig erscheinen, können Sie sich folgende Frage stellen: *Wenn ich auf eines von beiden auf jeden Fall verzichten müsste, was wäre das dann? Auf was könnte ich keinesfalls verzichten?* Das wäre dann Ihr höherer Wert.

Wenn Sie diese Übung für sich selbst machen, werden Sie Ihre Entscheidungen immer besser verstehen können. Machen Sie es jedoch für jemand anderen, werden Sie diesen Menschen immer besser verstehen und auch motivieren können. Sie wissen nun ja, was diesem Menschen wirklich wichtig ist. Also kann es durchaus auch sehr interessant sein, diese Übung mit seinen Kollegen, Mitarbeitern oder den eigenen Kindern zu machen.

Kommen Sie jedoch einmal zu dem Ergebnis, dass Ihre Hierarchie nicht optimal förderlich für Ihr Leben ist, sondern Sie vielmehr bremst, dann können Sie damit beginnen, diese auch zu verändern. Um die Hierarchie zu verändern, müssen Sie bei den Werten fragen: **Warum ist das so wichtig?**

Die Antwort darauf ist dann Ihre innere Überzeugung oder der Glaubenssatz der die Wichtigkeit begründet. Sie haben somit einen nicht gerade förderlichen Glaubenssatz aufgedeckt und können nun dessen Sinnhaftigkeit in Frage stellen. Die einfachste Form der Glaubensveränderung geschieht durch das Bewusstmachen. Hinterfragen Sie diesen Glaubenssatz einfach mit dem Meta-Sprachmodell, um die Tiefenstruktur dieser Aussage herauszufinden. Falls Sie es nicht mehr wissen sollten, blättern Sie noch einmal zurück zum Meta-Sprachmodell. Wenn Sie diesen Glaubensatz genügend hinterfragen, kommt oft die Unsinnigkeit dieser Überzeugung an die Oberfläche. Ihr Gehirn wird – sobald Ihnen die Unsinnigkeit bewusst geworden ist – immer mehr beginnen, dieses Verhalten in Frage zu stellen und lieber zu einer besseren Alternative greifen.

Hilfreich ist es auch, wenn Sie sich bewusst machen, was Sie dieser hinderliche Glaubenssatz bisher gekostet hat und weiterhin kosten wird. Was müssen Sie weiterhin für Nachteile in Kauf nehmen, wenn Sie nichts verändern? Verbinden Sie diese Nachteile mit massivem Schmerz, machen Sie sich die Nachteile wirklich intensiv bewusst. Ihr Gehirn ist so programmiert, dass es Schmerz vermeiden und Freude erreichen will, und es wird Sie nunmehr unterstützen, die bessere Alternative zu wählen. Ein Mensch, der mehrere Möglichkeiten hat, sucht sich immer die bessere aus.

Falls jedoch der Glaubenssatz zu tief sitzt, müssen Sie zu umfangreicheren Veränderungsprozessen greifen. Dieses Thema würde allerdings den Rahmen dieses Buches völlig sprengen. Falls Sie mehr darüber wissen wollen, gibt es hier eine Menge Literatur, die sich ausschließlich mit diesem Thema beschäftigt. Noch besser wird es allerdings sein, Sie machen selbst eine NLP-Ausbildung, bei der Sie diese Prozesse sicherlich viel genauer und intensiver lernen können als aus jedem noch so guten Buch.

Logische Ebenen

Die Logischen Ebenen sind eine Orientierungs-
hilfe, wo ein Mensch sich in seinem Leben gerade
befindet und wo ein mögliches Problem angesie-
delt sein könnte.

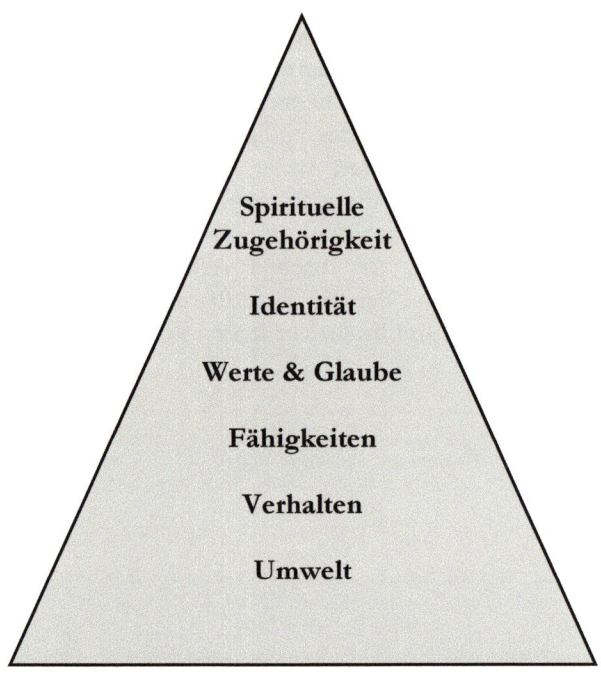

Spirituelle
Zugehörigkeit

Identität

Werte & Glaube

Fähigkeiten

Verhalten

Umwelt

Wir unterscheiden hier sechs Ebenen, die hierar-
chisch geordnet sind. Sie wurden von dem Anth-
ropologen Gregory Bateson herausgefunden und
von Robert Dilts für das NLP weiterentwickelt.
Die Aufgabe einer Ebene besteht im Wesentli-

chen darin, einen Organisationsrahmen für die Informationsverarbeitung auf den darunter liegenden Ebenen zu bieten.

Je höher eine Ebene addressiert ist, desto größer sind deren Auswirkungen auf das Gesamte. Bei einer Veränderung auf einer der höheren Ebenen, werden immer auch die unteren Ebenen mitgezogen und beeinflusst.

Die unterste Ebene beschreibt die Umwelt, in der ein Mensch sich befindet. Also sein Äußeres, wie der Ort an dem er sich aufhält und die Personen und Dinge die ihn umgeben. Natürlich auch, was ihm daran wichtig ist. So identifizieren sich nicht wenige Menschen auf der untersten Ebene. Sie sind dann das Auto, das sie fahren oder das Prestigeobjekt, welches Sie besitzen.

Auf der zweiten Ebene geht es um das Verhalten. Wie verhält sich ein Mensch in dieser Umwelt? Was tut er gerade dort? Auch hier gibt es viele, die sich mit ihrem Tun identifizieren. Sie sind dann der Computerexperte, der Rennfahrer oder die Hausfrau. Ihnen ist besonders wichtig, was sie tun und es muss immer gleich ablaufen, ansonsten sind sie unzufrieden. Es geht ihnen also um das Tun und das richtige Verhalten.

Auf der dritten Ebene geht es um die Fähigkeiten. Also, welche Fähigkeiten sind für diesen Menschen notwendig, um in dieser Umwelt dieses Verhalten zeigen zu können?

Doch mit der vierten Ebene, den Werten und dem Glauben, bestimmen die Menschen, warum ihnen das wichtig ist und welche Fähigkeiten sie sich überhaupt aneignen, weil es davon abhängig ist, was sie sich überhaupt zutrauen und ob es ihnen überhaupt wichtig ist, das zu lernen.

Die Ebene der Identität drückt dann das Selbstverständnis aus und bildet den Rahmen für alles, was wichtig ist und was diese Menschen überhaupt glauben wollen.

Auf der sechsten Ebene, der spirituellen Zugehörigkeit, liegt die Vision oder der Sinn, den ein Mensch verfolgt. Welchen Vision strebt dieser Mensch an?

Auf welcher Ebene würden Sie sich am ehesten wieder finden? Wäre doch mal interessant, das herauszufinden, oder?

Je höher Ihr Selbstverständnis die Pyramide hinaufwandert, je höher Ihr Schwerpunkt im oberen Bereich liegt, desto Wunsch- bzw. Zielorientierter sind Sie. Gleichermaßen sind Sie wesentlich flexibler, da Sie über klare Werte und ein ausgeprägtes Selbstverständnis verfügen. Es fällt ihnen leicht, auf den unteren Ebenen Zugeständnisse zu machen, ohne deshalb Ihr Ziel aus den Augen zu verlieren.

Sie sind doch schon auf der obersten Ebene, oder etwa nicht? ☺

Es ist ein natürliches Streben eines jeden Menschen, eine möglichst hohe Ebene zu erreichen. Dies geschieht aber am besten über Bewusstsein. NLP kann da eine große Hilfe sein, denn

NLP das ist Freiheit durch Bewusstsein.

Die Swish-Energieübung
für gute Gefühle

Haben Sie Lust, noch einmal wirklich gute Gefühle zu haben? Sind Sie es sich selbst wert, dafür
zehn Minuten Zeit zu investieren?

Okay, falls Sie jetzt Lust haben, sich so richtig gut
zu fühlen, nehmen Sie sich zehn Minuten Zeit
dafür. Achten Sie darauf, dass Sie diese Übung in
einer guten Physiologie machen. Das heißt: Setzen Sie sich nun aufrecht hin und strecken Sie
sich erst noch ein wenig nach oben aus. Räkeln
Sie sich und machen Sie dazu ein freundliches
Gesicht. Freuen Sie sich, dass Sie sich nun bald
sehr gut fühlen werden.

Wenn Sie das gemacht haben, dann leite ich Sie
Schritt für Schritt durch diese Übung. Lesen Sie
immer nur einen Schritt und folgen Sie dann den
Anweisungen, bevor Sie weiterlesen.

1. Denken Sie an etwas wirklich Schönes, etwas das Sie einmal erlebt haben oder das Sie
   gerne erleben möchten und machen Sie sich
   ein quadratisches Bild davon, welches Sie
   vor sich hinstellen.

2. Verbessern Sie nun Ihr Bild und machen
   Sie jedes Detail scharf und farbenprächtig.
   Hören Sie auch, was es in dieser Situation
   zu hören gibt und verändern Sie die Tonalität bis sie wirklich perfekt ist. Sie können
   dazu gerne einen imaginären Farbpinsel oder eine Fernsteuerung wie beim Fernseher
   in die Hand nehmen, mit der Sie alle Details

einstellen können, auch ein Zauberstab ist natürlich erlaubt.

3. Fühlen Sie körperlich, was Sie in dieser Situation fühlen würden, wenn Sie diese jetzt gerade wieder erleben würden und genießen Sie Ihr Bild.

4. Überprüfen Sie nun Ihr Bild und Ihre Gefühle. Wo in Ihrem Körper können Sie das angenehme Gefühl am stärksten spüren?

5. Nun schalten Sie das Bild wieder aus und schauen sich kurz im Raum um.

6. Schalten Sie das Bild klein, dunkel und unscharf an einem weit entfernten Platz wieder ein.

7. Strecken Sie nun Ihre Hand zum Bild hin aus und ziehen das Bild blitzschnell zu sich wieder her. Es geht so schnell, wie Sie Zeit brauchen um nur einmal mit den Fingern zu schnippen oder dabei „Swish" zu sagen. In dieser einen Sekunde machen Sie Ihr Bild wieder groß und farbenprächtig. So dass Sie nun alles ganz deutlich hören und spüren können was in Ihrem Bild enthalten ist. Genießen Sie kurz diesen guten Zustand.

8. Nun schalten Sie das Bild wieder aus und schauen sich kurz im Raum um.

9. Strecken Sie dann Ihre Hand zum Bild hin aus und ziehen das Bild blitzschnell zu sich wieder her. In dieser einen Sekunde, die Sie zum Herziehen brauchen, wird Ihr Bild wieder groß und farbenprächtig und Sie können wieder alles ganz deutlich hören und spüren, was in Ihrem Bild enthalten ist. Genießen Sie kurz diesen guten Zustand.

10. Wiederholen Sie die letzten beiden Schritte mindestens fünf Mal. Wichtig ist dabei, dass Sie das Bild wirklich blitzschnell zu sich herziehen. Überprüfen Sie jedes Mal, wie sich Ihre guten Gefühle von gut zu super bis einzigartig-genial steigern.

11. Erleben Sie jetzt Ihre Supergefühle und spüren Sie, wo in Ihrem Körper sich diese am stärksten repräsentieren. Schließen Sie dazu Ihre Augen und lassen nun dieses Gefühl mit jedem Atemzug sich weiter durch Ihren Körper ausweiten, bis jede Zelle davon vollständig erfüllt ist.

12. Schauen Sie sich jetzt noch einmal Ihr tolles Bild an und machen es dann riesengroß. So groß, das alles andere davon vollständig davon überdeckt wird. Also mindestens 20 mal 20 Meter oder so. Es gibt nichts anderes mehr zu sehen als Ihr fantastisches, riesengroßes Bild. Erleben Sie jetzt, wie sich Ihr Supergefühl noch mehr steigert, sodass es schon fast nicht mehr auszuhalten ist.

13. Überlegen Sie sich jetzt, wie Sie Ihre zukünftigen Herausforderungen mit diesem genialen Gefühl meistern werden. ☺

Falls Sie sich die zehn Minuten Zeit genommen und diese Übung vollständig mitgemacht haben, müssten Sie sich jetzt wirklich supergenial fühlen, stimmt´s? ☺
Falls Sie dazu aber keine Zeit hatten ☹ nehmen Sie nun Ihren Terminkalender und geben sich selbst einen wichtigen Termin um diese Übung nachzuholen – oder wollen Sie sich einfach nicht gut fühlen?

Ich hoffe, Sie hatten Spaß daran, dieses Buch zu lesen und konnten auch etwas für sich selbst dabei herausholen. Wenn ich das damit geschafft habe, dann haben Sie mir und Ihnen eine große Freude gemacht. Ich danke Ihnen nun, dass Sie bis zum Ende dieses Buches durchgehalten haben. Sie sind unzweifelhaft ein sehr interessierter und großartiger Mensch. ☺

Ihr **Rudolf Kronreif**

Produkte und Ausbildungen

Ein Phönix-Weg – Ein spiritueller Roman
Trance-CD – Kraft des Geistes
Film auf DVD: NLP-Practitioner-Prozesse

Weitere Informationen und Kontakt:

Homepage: **www.nlp-seminare.at**
E-Mail: **kronreif@nlp-seminare.at**

Impulse & Seminare – Rudolf Kronreif
Uferstraße 41
5026 Salzburg
Österreich

Die einzige Gefahr im Leben
besteht darin,
niemals ein Risiko einzugehen!
Sergio Bambaren

Notizen